VIÉNDONOS COMO DIOS NOS VE

June Hunt

Reflexiones Diarias

Incluye Guía del Líder para estudio en grupo pequeño

CLC EDITORIAL
CENTRO DE LITERATURA CRISTIANA

CENTRO DE LITERATURA CRISTIANA
en países de habla hispana

Colombia:	Centro de Literatura Cristiana ventasint@clccolombia.com editorial@clccolombia.com Bogotá, D.C.
Chile:	Cruzada de Literatura Cristiana santiago@clcchile.com Santiago de Chile
Ecuador:	Centro de Literatura Cristiana ventasbodega@clcecuador.com Quito
España:	Centro de Literatura Cristiana madrid@clclibros.org Madrid
Panamá:	Centro de Literatura Cristiana clcmchen@cwpanama.net Panamá
Uruguay:	Centro de Literatura Cristiana libros@clcuruguay.com Montevideo
USA:	CLC Ministries International churd@clcpublications.com Fort Washington, PA
Venezuela:	Centro de Literatura Cristiana distribucion@clcvenezuela.com Valencia

EDITORIAL CLC
Diagonal 61D Bis No. 24-50
Bogotá, D.C., Colombia
editorial@clccolombia.com
www.clccolombia.com

ISBN 978-958-8217-63-5

Viéndonos como Dios nos ve, por June Hunt

Traducción y revisión: Elizabeth Cantú De Márquez – Puebla, México.

Edición y Diseño Técnico: Editorial CLC Colombia

Impreso en Colombia - Printed in Colombia

Somos miembros de la Red Letraviva: www.letraviva.com

Dedico afectuosamente este libro a

Kay Arthur

Quien me atrajo a la palabra de Dios,
. . . para que yo conociera los pensamientos de Dios
y por tanto,
. . . para que viera el corazón de Dios.

Y a mis amadas y preciosas amigas:

Eleanor Briley

y

Barbara Spruill

quienes por muchos años me han amado,
aprendido conmigo,
enseñado conmigo,
precepto sobre precepto . . . línea sobre línea.

"Alma mía, en Dios solamente reposa,
Porque de él es mi esperanza.
El solamente es mi roca y mi salvación.
Es mi refugio, no resbalaré".
(Salmos 62:5-6)

Contenido

Palabras de June Hunt

Querido amigo:

¿Alguna vez ha sentido como que va en un sube y baja emocional? ¿A veces está arriba y otras abajo? Recibe una palmada... y se siente realmente bien. Pero cuando recibe una puñalada por la espalda, ¡se siente un fracaso! Es como si un extremo lo impulsara hacia arriba porque ante Dios es valioso, mientras que el otro lo lanzara hacia abajo por el peso de la frustración.

En ocasiones es sumamente difícil ver la perspectiva de Dios. Estamos tan agobiados por las circunstancias, que no podemos vernos como Dios nos ve. O tal vez simplemente no sabemos cómo nos ve Él.

Estos 31 estudios bíblicos le ayudarán a ver su valor y le recordarán que como creyente *es muy especial* al corazón y mente de Dios.

Pero, ¿qué sucede si está batallando emocionalmente con sentimientos de baja autoestima? Tal vez ha sido víctima de una venganza cruel... o ha sido golpeado a tal grado, que se siente deshecho por el dolor y su corazón ha perdido toda esperanza. ¿Cómo es posible aceptar la idea de que es realmente valioso?

Tal vez le ayudará preguntarse *¿cómo se determina el valor de una cosa?* Supongamos que asiste a una subasta. Una y otra vez, el subastador vende un artículo a quien ofrece la mayor cantidad, a quien está dispuesto a pagar el precio más alto. Considere lo siguiente. Cristo pagó el precio máximo por usted cuando vino a la tierra como hombre. Voluntariamente él murió en la cruz y pagó el castigo que merecían sus pecados... Jesucristo es Dios y no tenía por qué redimirlo. Pero lo amó de tal modo, porque es tan valioso para él, que voluntariamente lo pagó por darle la vida eterna. Sin duda, ¡a sus ojos tiene un valor incalculable!

Al meditar día a día durante el próximo mes en los pasajes bíblicos que se indican en cada sección, podrá descubrir su valor y descender de ese sube y baja emocional. A medida que entrene su mente para centrarse en la verdad acerca de usted, sus emociones se irán transformando "por medio de la renovación de vuestro entendimiento" (Romanos 12:2).

Comprométase con seriedad a realizar estos ejercicios espirituales fielmente, tomando tiempo para empaparse de todas las verdades bíblicas. Entonces, la Biblia empezará a saturar su corazón y transformará sus pensamientos, ayudándole a desarrollar un cuadro verdadero de quién es... desde la perspectiva divina.

Mi anhelo es que este estudio lo anime. Mi oración es que al apartar un tiempo para estar con Dios, aprenda a tomar en serio esa preciosa perspectiva de usted. Sus emociones se aquietarán, su corazón estará seguro... porque habrá aprendido a verse *como Dios lo ve.*

Esta es mi oración,

June Hunt

¿Cuál es su Identidad?

Todas las personas que llegan a este mundo han tenido que batallar de una forma u otra para descubrir su identidad. Actualmente, los estudios psiquiátricos han acuñado un nuevo término de diagnóstico: "la crisis de identidad". Todos hemos tenido que luchar con nuestras imágenes contradictorias. Muchas personas se pasan la vida tratando de ganarse la aceptación y atención de los demás, pensando que están edificando una indestructible fortaleza de valor personal. Pero fallan al ir poniendo los ladrillos y sus expectativas fracasan. En el proceso, hacen a un lado la verdadera perspectiva que Dios tiene de ellas porque ignoran el inmenso valor que tienen para él. Los pasos para entender estas verdades están dispersos a lo largo de las Escrituras. Para descubrirlos, primero debemos saber lo que significa la palabra IDENTIDAD.

¿Alguna vez se ha preguntado "quién soy"? "¿A dónde voy?" ¿Cree que carece de propósito o que tiene poco valor? Es importante que tenga una respuesta verdadera a estas cuestiones para que pueda experimentar lo que es tener significado y propósito en la vida.

Es vital entender que nuestra IDENTIDAD determina nuestro *valor* y *destino*. En un sentido muy práctico, si yo entrase a un banco, me dirigiera al cajero y le dijera: "¿Me puede dar 100 dólares?"

El cajero me pediría mi nombre y el número de mi cuenta. Si no le doy esa información y sigo solicitando dinero, lo único que recibiré serán las instrucciones para salir del banco. Pero si tengo recursos económicos, sin importar de dónde provienen, cuando doy al cajero mi nombre y número de cuenta, prontamente recibo los fondos. Mi *identidad* definitivamente determina *mi valor* y mi capacidad de retirar de mis reservas monetarias.

"¿A dónde voy?" ¿Cómo responde usted a esta pregunta? Hace poco tuve que volar de Atlanta a Dallas. Llegué con suficiente tiempo antes de abordar. Llamé a mi madre utilizando ese tiempo extra, que según yo, todavía tenía. Cuando quise subir al avión, me dijeron que ya estaban asignando los lugares sobrantes a las personas que estaban en lista de espera y que debía dirigirme al agente principal para aclarar mi situación. ¡Existía la posibilidad de que hubieran dado mi asiento a otra persona! Mi corazón latía apresuradamente. Me acerqué al agente y le extendí mi boleto. ¿Me permitiría regresar a casa? Pasó lo que me pareció una eternidad silenciosa mientras el empleado revisaba su lista oficial de pasajeros. Llegó hasta mi nombre y dijo: "Sí, usted está en este vuelo; puede abordar el avión". Es evidente que *mi identidad* estaba ligada directamente al *destino* de ese avión.

Por eso es muy importante conocer cuál es nuestra identidad en términos de nuestro valor *real* y nuestro *destino* eterno. Existen dos "identidades" o "familias" diferentes a las que pertenecen todos los seres humanos. Los que están *en Adán* y los que están *en Cristo*: "Porque por cuanto la muerte entró por un hombre, también por un hombre la resurrección de los muertos. Porque así como en Adán todos mueren, también en Cristo todos serán vivificados" (1 Corintios 15:21-22). La pregunta es: ¿A cuál de esas dos familias pertenece usted?

Su identidad personal con una de esas familias determinará sus características y herencia.

Nuestras características físicas están determinadas por nuestra familia. Cuando inicié mis estudios en la universidad, mi compañera de cuarto era Josephine Eng de Hong Kong. Ella tenía el pelo negro y liso, ojos cafés, facciones planas y baja estatura. Yo tenía cabello rubio rizado, ojos verdes, tez blanca, facciones angulares y estatura alta. Por mucho que yo apreciara a Josephine, nunca llegaría a poseer sus características. En otras palabras, no podía tener las características de los Eng a menos que hubiera nacido dentro de esa familia. De la misma manera, cuando nacemos en la familia "de Adán", heredamos las características de su línea familiar.

En el huerto de Edén, Adán decidió desobedecer a Dios. Por eso, él y todos sus descendientes se identifican con el pecado. Esa inclinación a la independencia de Dios es la naturaleza básica que todos hemos heredado. Salmos 51:5 dice: "He aquí, *en maldad he sido formado*, y en pecado *me concibió* mi madre". En consecuencia, nuestra inclinación natural es al pecado, porque nacimos de la familia de Adán.

No obstante, Dios nos da la posibilidad de cambiar de familia, y también nos capacita para tener una nueva identidad... es decir, ¡una nueva naturaleza! Podemos ser adoptados en la familia de Cristo y convertirnos en "hijos de Dios". Al hacerlo, perdemos nuestra identidad en Adán y recibimos una nueva identidad en Cristo. Llegamos a tener características distintas: "De modo que si alguno está en Cristo, nueva criatura es; las cosas viejas pasaron; he aquí todas son hechas nuevas" (2 Corintios 5:17). Nuestra antigua "naturaleza pecadora" se transforma en una nueva naturaleza divina.

Una consecuencia de esta nueva identidad es que obtenemos un nuevo valor, el cual se basa en los abundantes recursos que Dios ha depositado en nuestra cuenta personal. Una segunda consecuencia es que tenemos un *nuevo destino* en la eternidad en el cual viviremos para siempre seguros en la presencia de Dios.

Amado amigo, ¡el anhelo de Dios es que usted reciba todo lo que él le ofrece! La baja auto estima puede ser remplazada por el valor santo que posee cuando está en Cristo. Pero para que pueda tener las características de Cristo, primero debe cambiar de familia. ¿Ha realizado ese cambio en su vida? Si no es así, con la autoridad que le da la palabra de Dios puede convertirse en hijo de Dios. Juan 1:12 dice: "Mas a todos los que le recibieron, a los que creen en su nombre, les dio potestad de ser hechos hijos de Dios".

Si desea tener esa nueva relación con Dios a través de Jesucristo, haga la siguiente oración:

Señor: Acepto que muchas veces he tomado malas decisiones. Sé que he pecado y te pido que me perdones todos mis pecados. Ahora quiero ser tu hijo. Te pido que Jesucristo venga a mi vida para salvarme y para que sea mi Señor. Rindo completamente mi voluntad a la tuya. Y te agradezco cualquier cosa que quieras hacer en mi vida. Lo pido en el nombre de Jesús. Amén.

En completa humildad, puede dar gracias a Dios porque él ha deseado en lo profundo de su corazón traerlo a una nueva familia, a la de él.

¡Qué extraordinario! Cada hijo de Dios ¡tiene un nuevo valor, un nuevo destino, y una nueva identidad!

Un Nueva Vida en Cristo

"Porque así como en Adán todos mueren, también en Cristo todos serán vivificados".
(1 Corintios 15:21-22)

En Adán todos mueren		En Cristo todos son Vivificados	
En Adán		**En Cristo**	
Antigua criatura	2 Corintios 5:17	Nueva criatura	2 Corintios 5:17
Corazón endurecido	Romanos 2:5	Nuevo corazón	Ezequiel 36:26
Esclavitud al pecado	Romanos 6:6	Libre de pecado	Romanos 6:7
Muerte	Romanos 6:23	Vida	Romanos 6:22
Indefensión	Romanos 5:6	Fortaleza	Filipenses 4:13
Enemistad con Dios	Romanos 5:10	Reconciliación con Dios	Romanos 5:10
Condenación	Romanos 5:6	Sin condena	Romanos 8:1
Esclavitud	Gálatas 3:7	Hijo	Gálatas 3:7
Esclavitud a la impureza	Romanos 6:19	Esclavitud a la justicia	Romanos 6:19
Pobreza	2 Corintios 8:9	Riquezas	2 Corintios 8:9
Acusación	Colosenses 1:22	Libre de culpa	Colosenses 1:22
Bajo la ley	Romanos 6:14	Bajo la gracia	Romanos 6:14
Bajo el juicio	Romanos 5:16	Justificado	Romanos 5:16
Bajo maldición	Gálatas 3:13	Redimido de la maldición	Gálatas 3:13
Bajo la ira	Efesios 5:16	Libre de la ira	Romanos 5:9
En oscuridad	Efesios 5:8	En luz	Efesios 5:8

Descubriendo la Forma en que Dios Nos Ve

"Si clamares a la inteligencia, y a la prudencia dieres tu voz; si como a la plata la buscares, y la escudriñares como a tesoros, entonces entenderás el temor de Jehová, y hallarás el conocimiento de Dios".

(PROVERBIOS 2:3-5)

Está usted a punto de descubrir el más valioso de los tesoros escondidos. Para iniciar ese gran descubrimiento, todo lo que necesita es un lápiz y una Biblia. A medida que traiga a la superficie las verdades de cada enseñanza bíblica, encontrará lo que Dios piensa de usted.

Algunos estudios demuestran que se requiere de tres semanas para formar un hábito. Por tanto, cuando termine este estudio, habrá adquirido una nueva forma de entender las cosas que le permitirá verse como Dios lo ve. Los siguientes seis pasos serán utilizados por el Espíritu de Dios para mostrarle lo que está oculto a su vista:

1. Empiece cada día pidiendo a Dios que le revele su valor... simplemente porque usted es su hijo.
2. Concéntrese en la declaración inicial y en el pasaje bíblico correspondiente.
3. Lea el comentario práctico pidiendo a Dios que le muestre la perspectiva que él tiene de usted y ésta llegue hasta su propio corazón.

4. Busque las referencias bíblicas adicionales. Después personalícelas y repítalas usando sus propias palabras.
5. Escriba una oración personal que complemente la frase "Padre, a través de tus ojos veo que yo..."
6. Repita la verdad impresa que se encuentra al final de la página con un corazón agradecido, porque en verdad Dios lo considera una persona digna de confianza y de alta estima.

Ejemplo

Somos templo del Espíritu Santo

Repita estos versículos en sus propias palabras:

2 Timoteo 1:14 así como un policía cuida del dinero de un banco, así debo ser un buen administrador del mensaje del evangelio que me fue dado. No estoy solo, sino que Dios me da la ayuda de su Espíritu cada día, momento a momento porque vive dentro de mí.

Juan 14:16 Dios me ha dado un Consejero y un Consolador para ayudarme a ver la verdad en toda circunstancia. Considero un privilegio conocerlo. Él vive dentro de mí y trabaja a través de mí.

Padre, a través de tus ojos veo que yo He recibido el regalo precioso de tu Santo Espíritu, el cual me consolará y guiará y me dará a conocer lo que es verdaderamente cierto.

Soy de gran valor porque . . . soy templo del Espíritu Santo.

Primera Parte

Mi posición en Cristo

"Mirad cuál amor nos ha dado el Padre, para que seamos llamados hijos de Dios".

(1 Juan 3:1)

Dios me ha Adoptado

"En amor habiéndonos predestinado para ser adoptados hijos suyos".
(Efesios 1:5)

¡Ah, qué dicha es estar seguros! Todo mundo anhela y suspira por ello. ¿Por qué? Quizá la seguridad tiene tanta importancia porque todos hemos experimentado la sensación de que alguien en quien solíamos confiar "nos mueve el tapete". En alguna ocasión, tuvimos un lugar en ese corazón, pero el tapete del rechazo nos hizo caer en el abandono emocional.

¿Existe algún lugar que puede usted llamar "mi hogar" sin que le preocupe el futuro? ¿Ese lugar le proporciona seguridad emocional? Considere lo que dice nuestro Padre celestial: "te he predestinado para ser mi hijo".

Aunque Dios ya tiene un Hijo, él decidió adoptarlo a usted. Él no tenía por qué hacerlo, pero ¡él *lo quería a usted*! Usted es su hijo y él es su Padre amoroso.

Tomás Watson lo dijo así: "Puesto que Dios ya tiene un Hijo propio, y ¡qué Hijo! ¡Qué maravilloso es saber que por su gran amor decidió adoptarnos! Sin duda, nosotros lo necesitamos como Padre, pero él no nos necesita como hijos".

Si usted nunca tuvo una relación significativa con su padre terrenal, puede ser difícil entender cabalmente lo que es un Padre celestial amoroso y bondadoso. Contrario a los padres terrenales, Dios siempre está disponible. Nunca lo dejará ni lo desamparará. Él está con usted en todo momento. Él anhela participar íntimamente en todos los aspectos de su vida. Al adoptarlo, él lo escogió para darle todos los privilegios de pertenecerle a él.

Hay muchas similitudes entre la adopción divina y la de un niño. El adoptado no es inferior a los demás hijos; lleva el apellido de la familia y su herencia es segura porque también es heredero legal.

Sin embargo, hay una diferencia. El adoptado legalmente no tiene la misma naturaleza que sus padres, quienes poseen distintos genes y características biológicas. Pero en la adopción divina, el hijo siempre recibe *una nueva* naturaleza, la de su Padre.

Cuando la figura de la adopción se presentó por primera vez en la Biblia, se entendió como un acto irrevocable. ¿Se da usted cuenta de lo que esto significa en su relación con Dios? *Una vez escogido, no puede ser rechazado. Nunca será abandonado emocionalmente. Siempre tendrá un lugar en el corazón de Dios. Usted es su hijo para siempre.*

Repita estos versículos en sus propias palabras:

Romanos 8:15 ______________________

____

____

____

Gálatas 4:5-7 ______________________

____

____

____

____

Padre, a través de tus ojos veo que yo

____

____

____

Estoy seguro porque . . . he sido adoptado por Dios.

Soy hijo de Dios

"Mirad cuál amor nos ha dado el Padre, para que seamos llamados hijos de Dios".

(1 JUAN 3:1)

¡Qué escena más tierna! Jesús abrazando a los niños. Sus discípulos creían que ellos eran una lata, pero el Señor reconoció sus necesidades y aceptó su cercanía: "Jesús dijo: Dejad a los niños venir a mí, y no se lo impidáis; porque de los tales es el reino de los cielos" (Mateo 19:14).

Tal vez usted tuvo una infancia infeliz, o vivió en una situación en que no se sentía amado. Esto puede afectar su vida profundamente aun de adulto, aumentando el anhelo insatisfecho de ser amado y aceptado.

Quizá se ha sentido como un estorbo . . . que nadie lo quiere o le da la bienvenida. No es un asunto pequeño que su Padre celestial le llame hijo, que es un término muy tierno con el que expresa su amor. Querido hijo de Dios, usted *es* amado, *deseado,* y *pertenece* a una familia. El anhelo de pertenecer nos ha sido dado por Dios. Por eso, Él viene a su corazón, para poner en usted el deseo de que lo busque como su Padre amoroso.

Tal vez ha escuchado la frase "*Todos* somos hijos de Dios". Aunque esa idea suena muy cálida y maravillosa, ¡no es verdad! Juan 1:12 dice: "Mas a todos los que le *recibieron* [a Jesucristo], a *los que creen* en su nombre, *les dio potestad de ser hechos hijos de Dios*".

La Biblia sí enseña que todos los seres humanos somos *criaturas* de Dios, pero sólo los que *reciben* a Cristo como Señor y Salvador se convierten en auténticos hijos de Dios.

¿Qué haría usted si un muchacho que nunca ha visto entrara en su casa, se dirigiera al refrigerador, se preparara un emparedado, y después se sentara en su sofá? ¿Cuánto tiempo permitiría que el intruso usara su casa como si fuera la de él? ¡Muy poco!

Pero si su hijo entra en la casa, va al refrigerador, se hace un emparedado. . . probablemente no le daría mucha importancia. Puesto que él pertenece a su familia, tiene derecho a usar la casa. Como parte de su familia, tiene todos los privilegios.

Lo mismo sucede con usted por ser hijo de Dios. Usted es parte de su familia. Él se complace en proveer a sus necesidades, y por ser su hijo tiene la libertad de que éstas sean cubiertas. Puede entrar en su presencia en cualquier momento. Usted es bienvenido y deseado. *En la familia de Dios usted se puede sentir como en su casa.*

Repita estos versículos en sus propias palabras:

Romanos 8:16 __________

Efesios 2:19 __________

Padre, a través de tus ojos veo que yo

____

Estoy seguro porque . . . soy hijo de Dios.

Soy Valioso para Dios

"Porque a mis ojos fuiste de gran estima, fuiste honorable, y yo te amé".
(ISAÍAS 43:4)

¿A *quién le importo? ¿Soy importante en la vida de alguien? ¿Tengo algún valor?* Si no tiene respuesta a estas preguntas, no está solo. Pocas personas escapamos a las filosas rocas del rechazo que hacen naufragar el alma. Pero Dios no quiere que ninguno de sus hijos se convierta en un alma náufraga. Cuando las aflicciones parecen interminables, o cuando el dolor se presenta en oleadas, debemos recordar que pronto todo pasará. Entre tanto, Dios nos consuela diciendo: "Tú eres de gran estima ante mis ojos".

¿En verdad se siente valioso delante de Dios? ¿Considera que él lo ama? Pues aunque no lo sienta así, para *él usted es de muy alta estima y lo ama*. Si la derrota llega a su vida, el amor de Dios es como una enorme ola de seguridad. El compasivo Salvador desea que usted tenga "por sumo gozo cuando os halléis en diversas pruebas, sabiendo que la prueba de vuestra fe produce paciencia. Mas tenga la paciencia su obra completa, para que seáis perfectos y cabales, sin que os falte cosa alguna" (Santiago 1:2-4).

La perla, una de las más asombrosas maravillas de la naturaleza, es resultado del dolor y la irritación. Cuando un grano de arena se introduce por la abertura de la concha de la ostra, de inmediato empieza a tallar el suave tejido interno produciendo una sustancia dura. Con el paso del tiempo, esa sustancia se convierte en una de las gemas más exquisitas del mundo, una hermosa y brillante perla. Es un hecho que cuanto más intensa es la irritación que la arena provoca en la ostra, ¡más valiosa es la perla!

Quizá "el grano de arena" o una prueba insoportable le están causando una profunda irritación en este momento. Pero debe saber que Dios no lo abandona; Él tiene un propósito al permitir que las aflicciones entren a su vida. El plan de Dios es perfecto. Él quiere producir una perla de gran precio. Aun en medio de una tormenta, usted está a salvo. Su Salvador lo mantendrá seguro a pesar de la tormenta destructora.

Estamos más seguros en la tormenta que Dios envía, que en la calma que experimentamos andando en las cosas del mundo.
—Jeremy Taylor

Por medio de las pruebas que vienen a usted, Dios producirá una calidad que no puede venir de ninguna otra manera. Acepte que tiene gran valor para él y que él desea lo mejor para su vida. Él le dice: "eres de alta estima y honorable ante mis ojos y te amo".

Repita estos versículos en sus propias palabras:

Isaías 43:2

Jeremías 29:11

Padre, a través de tus ojos veo que yo

Estoy seguro porque . . . soy valioso ante los ojos de Dios.

Dios me Llama por mi Nombre

"Ahora, así dice Jehová, no temas porque yo te redimí, te puse nombre, mío eres tú".

(Isaías 43:1)

¿Alguna vez ha llegado al aeropuerto, a la estación de autobuses o a un evento especial donde nadie estaba esperándolo, ni hubo quién le llamara por su nombre? ¿Alguna vez se ha apresurado a llegar a casa para compartir una noticia emocionante, pero ha encontrado la casa vacía y un silencio abrumador? Muy dentro de nosotros, tenemos la necesidad de sentir que somos reconocidos, apreciados y llamados por nuestro nombre.

Aunque ya habían pasado varios meses desde que hablé y canté en un retiro, la crítica que recibí de una persona importante para mí todavía me hacía daño. La herida me ardía como si fuera el piquete de una avispa. Cuando nos pica una abeja sorpresivamente, el aguijón se entierra, la piel empieza a hincharse y a enrojecerse, y toda la zona queda sensible aun al toque más ligero. Mi corazón sentía la misma sensibilidad mientras hacía planes para regresar al mismo lugar. Mentalmente me había preparado, pero tenía un miedo atroz a ser herida otra vez.

Una semana antes de salir, envié una nota a una persona que se había preocupado por mí cuando recibí aquel golpe emocional. No le pedí que me recogiera, pero de todos modos incluí el número de vuelo, deseando en el fondo que fuera por mí. Al bajar del avión recorrí la sala de espera del aeropuerto buscando algún rostro familiar. Anhelaba escuchar un afectuoso "¡Hola June!" pero lo único que recibí fue una indiferencia total de la multitud que me rodeaba. A pesar de que me había preparado para lo peor, sentí que mi corazón desmayaba.

Me dirigí a recoger el equipaje. De pronto, escuché que alguien me llamaba por mi nombre. Ella *sí* había ido. Había estado esperándome mucho antes que llegara mi avión. Y ahora me estaba *llamando por mi nombre.* Su voz me decía: "Me interesas". Sus palabras fueron como un bálsamo curativo que calmó mi herida emocional.

Cuando las situaciones de la vida le hagan daño, no piense que Dios lo ha olvidado. Él sigue cuidando de usted. Dios siempre está presente . . . está íntimamente relacionado con usted, su nombre está de continuo en su mente. Él dice: "No temas . . . te puse nombre, mío eres tú".

"El que cuenta las estrellas y las llama por su nombre no olvida a sus hijos. Él lo conoce tanto como si fuera la única criatura que ha hecho, o el único santo al que ha amado".[1]
—Charles Hadden Spurgeon

Repita estos versículos en sus propias palabras:

Salmos 139:13-16

Padre, a través de tus ojos veo que yo

Estoy seguro porque . . . Dios me llama por mi nombre.

He sido Aceptado

"Nos hizo aceptos en el Amado [Jesús]".
(Efesios 1:6)

Muchas personas tienen un disco mental rayado que repite la canción una y otra vez. ¿El título? "Si tan sólo . . ." Esa melodía sigue al frente de los mayores éxitos discográficos. El distintivo de esa canción es su brevedad, solo tiene una línea: "Si tan sólo ______ entonces habría complacido a mi padre". Ahora llene usted el espacio con lo que sea. "Si tan sólo . . . hubiera sido más aplicado . . . o destacado en los deportes . . . o si hubiera sido como mi hermano . . . o nacido antes . . . o no haber nacido".

No entendemos por qué ese estribillo de una línea sigue sonando a pesar del paso del tiempo. Pero si pudiéramos escuchar las grabaciones de nuestras experiencias infantiles más tempranas, podríamos ver la causa de que estemos atados emocionalmente a esa única frase.

El niño que siempre escucha: "No sirves para nada", no siente que vale mucho. El que escucha: "Desearía que no hubieras nacido", se esforzará toda la vida por destacarse, tratando de probar su importancia y obtener aceptación. Pero tal vez el sonsonete que más daño hace es el que dice: "Si no fuera por ti, hubiera sido feliz". Este entristece a cualquier persona de cualquier edad.

El Dr. Charles Stanley dice que valoramos más la aceptación de nuestros padres que la de cualquier otra persona. Y cita a hombres de negocios que aunque andan en los 40, 50 o hasta 60 años, siguen buscando la aceptación y aprobación de su padre aunque ya esté muerto. El niñito que hay en su interior sigue clamando: "Debo hacer que mi padre me acepte".

Sin duda, los padres cometen errores, pero a los ojos de Dios *usted no es un error*. Por ser hijo de Dios, *siempre es acepto delante de él*. Él dice: *"No te desampararé, ni te dejaré" (Hebreos 13:5)*.

Jesucristo entiende sus sentimientos de rechazo más profundos. Él experimentó lo mismo de su propia familia: "A lo suyo vino, y los suyos no le recibieron" (Juan 1:11). Por tanto, ¿quién mejor que el Señor puede entender su necesidad?

Él no lo ama y acepta "porque usted . . ." Él lo ama y acepta y ¡punto! Cuando usted sabe que es "acepto en el Amado", puede retirar la aguja del viejo tocadiscos donde escucha el sonsonete "si tan solo . . ." y ponerla en el que dice:

> *Cristo me ama, bien lo sé, Su Palabra dice así.*
> *Cristo me ama, bien lo sé, Su Palabra dice así.*[2]

Repita estos versículos en sus propias palabras:

Salmos 27:10 ______________________

____

Jeremías 31:3 ______________________

____

Padre, a través de tus ojos veo que yo

____

____

Estoy seguro porque . . . soy acepto en el Amado.

He sido Bautizado con Cristo

"Porque somos sepultados juntamente con él para muerte por el bautismo".
(ROMANOS 6:4)

La niñita no tenía a nadie con quién identificarse. Quería encontrar a su familia, pero no sabía cómo. Buscó con todas sus fuerzas.

En algún lugar sobre el arco iris que está en el cielo,
hay un lugar del que alguna vez escuché en una canción . . .[3]

En 1939, millones de personas hicieron largas colas para ver la primera película que marcaba el fin de los filmes en blanco y negro e introducía el technicolor. "El mago de Oz", que mostraba hermosos colores entretejidos a lo largo de la historia. Desde entonces, la industria cinematográfica no volvió a ser la misma. Los colores del arco iris le dieron *una nueva identidad.*

En forma similar, el bautismo significa que no volvemos a ser los mismos. Para algunos, la palabra "bautismo" representa el blanco y negro, para otros, algo grisáceo y oscuro, una serie de malos entendidos. Pero cuando comprendemos correctamente el significado del verbo griego "baptizo", vemos que aparece ante nuestros ojos un hermoso panorama de vivos colores.

En la antigüedad, las telas se sumergían (eran "bautizadas") en los colorantes, lo cual hacía que *cambiaran de identidad.*

Un opaco pedazo de muselina podía convertirse en una radiante tela azul o roja que se usaba de diversas formas.

¿Se da usted cuenta de que cuando es "sepultado con Cristo en el bautismo", de hecho recibe un *cambio de identidad?* Aunque sigue siendo la misma persona, su nueva identidad llega al tejido más profundo de su alma.

Su bautismo *espiritual* se realiza en el momento de su salvación porque llega a identificarlo instantáneamente con Jesucristo. Posteriormente, el bautismo en *agua* constituye un símbolo de lo que ha pasado en su vida.

Su bautismo en agua simboliza lo siguiente:

1. Bajar al agua representa su antigua vida.
2. Sumergirse en el agua representa morir a su vida antigua y el lavamiento de sus pecados.
3. Salir del agua representa su nueva vida en Cristo.

Cuando es bautizado en Cristo, sale a una nueva vida llena de colores, a una nueva familia, y a una *nueva identidad.*

Repita estos versículos en sus propias palabras:

Gálatas 3:26-27

Colosenses 2:9-12

Padre, a través de tus ojos veo que yo

Estoy seguro porque . . . me he identificado con Cristo.

Estoy Escondido en Cristo

"Tú eres mi refugio; me guardarás de la angustia".
(Salmos 32:7)

Los nazis sembraron el terror en quienes no eran de su raza, religión o gobierno. Durante la segunda guerra mundial, el principal blanco de su odio fueron los judíos. Les quitaron el poder, confiscaron sus propiedades, los encarcelaron y después los exterminaron en los campos de concentración. En Holanda, dominada por los nazis, la familia Ten Boom escondió valientemente a miles de judíos en su "refugio secreto" que se encontraba detrás de su relojería.

El 28 de febrero de 1944, sucedió lo que más temían. ¡Su refugio fue descubierto! La Gestapo arrestó a toda la familia. ¿De qué los acusaron? De esconder a los judíos. ¿Su castigo? Enviarlos de inmediato a un campo de concentración.

Mientras las dos hermanas Ten Boom estaban en la fila esperando a ser registradas, Corrie pidió a Dios que le permitiera conservar la Biblia que llevaba escondida entre sus ropas. "Amado Dios, tu me diste tu precioso libro, y lo has mantenido oculto a través de todas las revisiones anteriores". La mujer que iba antes de Corrie fue registrada tres veces. Su amada hermana Betsie que le seguía también fue registrada. Pero milagrosamente, el oficial nunca tocó a Corrie. ¡Su Biblia estuvo escondida en un campo de concentración alemán![4]

Su lucha por sobrevivir estuvo llena de mugre, enfermedades, golpes y violaciones. Pero Corrie leía las verdades bíblicas porque sabía que sólo ellas podían impedir que el odio inundara su corazón.

"En mi corazón he guardado tus dichos, para no pecar contra ti" (Salmos 119:11).

¿Tiene usted un refugio secreto? ¿Un lugar para curar sus emociones heridas? Si ha sido maltratado, es posible vivir sin rencor. Debido a que Dios ha puesto su verdad en su corazón, usted está protegido de malos pensamientos y decisiones. El adversario de su alma no tiene poder para hacerlo caer mientras permanezca escondido en el refugio de las alas de Dios. Ahí usted está a salvo de la destrucción emocional, protegido de la ruina espiritual.

La familia Ten Boom tuvo su refugio secreto temporalmente. Pero como hijo de Dios, usted está escondido en Cristo. ¡Protegido para siempre!

Estoy bajo tus alas, ¡que gran refugio!
Mi corazón en ti halla descanso.
Cuando en el mundo no hay medicina para el dolor,
en ti encuentro consuelo y protección.[5]

Repita estos versículos en sus propias palabras:

Salmos 17:8

Colosenses 3:3

Padre, a través de tus ojos veo que yo

Estoy seguro porque . . . estoy escondido en Cristo

Segunda Parte

El plan de Dios para mí

"Venid luego, dice Jehová, y estemos a cuenta:
si vuestros pecados fueren como la grana,
como la nieve serán emblanquecidos;
si fueren rojos como el carmesí,
vendrán a ser como blanca lana".

(Isaías 1:18)

He Sido Escogido

"Nos escogió . . . antes de la fundación del mundo"
(Efesios 1:4)

Mientras estaban en clase todo iba bien . . .hasta que llegó el momento de elegir los equipos deportivos. A medida que los capitanes escogían los jugadores, el ambiente se ponía tenso. Por lo menos, para un tímido adolescente que distaba mucho de ser ágil. "Dios mío, odio que me escojan al último. Por favor, permite que alguien me quiera en su equipo".

¿Alguna vez ha anhelado que lo escojan porque lo quieren o desean tenerlo en un equipo? Querido hijo de Dios, él lo "escogió antes de la fundación del mundo". Dios lo hizo porque lo ama, no porque sea fuerte, inteligente o capaz. No tenemos ningún mérito ni merecemos crédito alguno para ser escogidos. Claramente, Jesús dijo: "No me elegisteis vosotros a mí, sino que yo os elegí a vosotros" (Juan 15:16).

Hace muchos años, otro adolescente pasó por el proceso de ser escogido. Dios envió al profeta Samuel a la casa de Isaí de Belén diciéndole que había escogido a uno de sus hijos para ser el siguiente rey de Israel. ¡Qué altísimo honor para la familia! Una vez que Samuel hubo conocido a los siete hijos de Isaí, le dijo que Dios no había elegido a ninguno de ellos y le preguntó si tenía más hijos. Isaí respondió que sólo quedaba David, el menor de todos. Pero se encontraba lejos pastoreando al rebaño. Seguramente que él no tenía madera para ser rey. Ante la insistencia del profeta, hicieron venir al jovencito. De inmediato, el Señor le indicó a Samuel que él era el elegido. "Y desde aquel día en adelante el Espíritu de Jehová vino sobre David".

Durante una batalla crucial en que Goliat tenía aterrorizado al ejército de Saúl, Dios utilizó a ese joven e inexperto muchacho para realizar una proeza. Imagine usted la sorpresa de los israelitas al ver a David acercarse a Goliat desarmado. ¿Cómo podía ese jovenzuelo aspirar a ganar la batalla? Es que David conocía un principio muy sencillo: Cuando Dios decide que hagamos algo, Él nos capacita para hacerlo. En un instante, a mano limpia, David mató al gigantesco contrincante. ¿Cuál fue su secreto? Él conocía la fuente de todo poder. Por eso, dijo: "Porque de Jehová es la batalla" (1 Samuel 17:47).

Esta verdad sigue vigente hoy. Cuando enfrente a los gigantes de su vida, recuerde que ha sido escogido por el Señor. Ponga su confianza en él, porque "la batalla es de Dios".

Repita estos versículos en sus propias palabras:

Juan 15:19

Romanos 8:33

Padre, a través de tus ojos veo que yo

Estoy confiado porque . . . he sido escogido.

He Nacido de Nuevo

"Os es necesario nacer de nuevo"
(Juan 3:7).

Ninguna frase de la Biblia ha sido más criticada, despreciada y satirizada que la que dice "os es necesario *nacer de nuevo*". Pero Jesucristo no dio otra opción. Dijo que *es necesario.* Pero, ¿por qué?

En la creación original de Dios, Adán y Eva fueron hechos a la imagen de Dios. Pero puesto que Dios es espíritu (Juan 4:24), la imagen reflejaba el Espíritu de Dios que estaba en ellos. Su espíritu humano era morada del Espíritu de Dios, lo que permitió que hubiera una gran unidad de mente y corazón. Pero cuando entró el pecado en el huerto, el Espíritu salió de ellos y la unidad desapareció. Adán y Eva se convirtieron en *muertos espirituales.* De la misma manera, todos los que nacimos después de ellos nacimos *muertos en nuestros pecados.*

Desde que nacemos estamos en pecado, perdidos, separados, somos enemigos de Dios, estamos espiritualmente muertos. ¿Qué es lo único que necesita una persona muerta? ¡La vida! No necesita sinceridad, ni educación, ni cultura, ni dinero, ni religión. Lo que necesita es recibir vida.

Cuando aceptamos el plan de Dios para la salvación, espiritualmente pasamos de muerte a vida. ¡Recibimos la vida de Cristo! Como resultado, Dios nos da una nueva naturaleza, la suya propia. También nos da al Espíritu Santo.

En griego, la frase "nacer de nuevo" literalmente significa "nuevo nacimiento, nacer de arriba". Esto indica que el Espíritu de Dios transforma nuestra vida de tal manera, que la única forma de describirla es como "nacer de nuevo". Hijo de Dios, maravíllese ante la belleza de haber *nacido de arriba.*

El crítico dice: "¡Imposible! ¿Cómo puede alguien nacer de nuevo?" Aun así, Dios nos ha dado un ejemplo en la naturaleza. El gusano de la mariposa monarca puede develar el misterio y todo mundo puede observarlo. Esa criatura tiene una vida poco atractiva y aburrida hasta el fin de su existencia. Pero después ¡ocurre lo imposible! La muerte del gusano da vida a la mariposa. Ese es el milagro de la mariposa monarca. Un gusano de 5 centímetros que se arrastra, da lugar a un par de alas de 10 centímetros; el verde pálido se transforma en un dorado rojizo y realiza un viaje migratorio "imposible" de cerca de 3,500 kilómetros.

Así es cuando usted nace de nuevo. Lo viejo desaparece, pero lo nuevo vive y puede alcanzar alturas insospechadas.

Ahora, ¡extienda sus alas y vuele!

Repita estos versículos en sus propias palabras:

2 Corintios 5:17 ________________

____

____

1 Pedro 1:3, 23 ________________

____

____

Padre, a través de tus ojos veo que yo

____

____

____

Tengo confianza porque . . . he nacido de nuevo.

Soy Salvo

"Por gracia sois salvos por medio de la fe; y esto no de vosotros, pues es don de Dios"
(Efesios 2:8).

La familia de mi hermano estaba muy emocionada porque iba a cambiarse a su nueva casa. Ya estaba puesta la alfombra, las cortinas y los muebles. Sólo faltaban algunas cosas. Pero una mañana muy temprano, justo antes de que la familia ocupara su nueva residencia, estalló un incendio que dejó en cenizas sus bienes. Perdieron todas sus cosas personales, los recuerdos preciosos, las fotografías invaluables.

Cuando llegué al achicharrado inmueble, esperaba ver a mi hermano. Pero él y su familia estaban visitando los hogares de dos bomberos que para mi sorpresa habían perdido la vida en el incendio. Dentro de nuestro corazón, todos deseábamos que se hubieran salvado. Con este espantoso ejemplo podemos ver claramente la importancia de la salvación que todos necesitamos.

Salvo. ¿Quién no quiere ser salvo? Esta palabra se refiere a salvarse *de* algo. Qué bueno sería que toda la humanidad entendiera lo que dice la Biblia acerca de la salvación y *de qué* somos salvos. Somos salvos de una existencia eterna de total angustia y de un destino de tinieblas. ¿Quién no quiere estar libre de ello?

Piénselo. Usted ha sido librado del reino de las tinieblas. Eso es lo que significa el término griego: "ser librado, preservado". Ese es el beneficio eterno que resulta de la decisión de aceptar la oferta de salvación de Jesucristo.

Pero la salvación espiritual no sólo abarca ser salvos de la *penalidad* del pecado. Como hijos de Dios también somos salvos del *poder* del pecado. La Biblia dice que estamos "muertos al pecado" (Romanos 6:11). Dicho de otra manera, la salvación puede librarnos de cualquier hábito pecaminoso. Y eso no es todo. Cuando esté en el cielo, estará a salvo de la *presencia* del pecado.

No obstante, para mí el aspecto más maravilloso de la salvación no es *de qué* soy salva, sino *para qué* soy salva. El anhelo de Dios no sólo es *sacarme* del infierno, sino hacer que el Salvador *entre* en mí. Morando él en mí, tengo su poder, su sabiduría, su perdón, su amor y su fortaleza. Él pone su vida *en* mí y vive *a través* de mí.

¡Qué increíble valor! Y lo más sorprendente es que todo ello es gratis. Pero no es barato. A Cristo le costó poner su vida. La salvación es gratuita para usted y para mí porque alguien pagó por ella.

Repita estos versículos en sus propias palabras:

Éxodo 15:2

Hebreos 7:25

Padre, a través de tus ojos veo que yo

Estoy confiado porque . . . soy salvo por tu gracia.

He Sido Justificado

"Habéis sido justificados en el nombre del Señor Jesús"
(1 Corintios 6:11)

¿Alguna vez lo han demandado? Tal vez ha estado de pie ante el tribunal de la crítica y las acusaciones. Indefenso, enfrentó a sus enemigos que ocupaban las sillas del juez y del jurado. ¿Cómo pueden otras personas tener tanto control sobre los acontecimientos que afectan a nuestra vida? ¿Cómo resolver el dolor que nos causan las críticas y las conclusiones injustificadas? ¿Cuál es nuestra posición cuando los críticos auto nombrados nos condenan y nos dicen "culpable"?

El día más importante de su vida cristiana es cuando fue llevado a juicio. El Juez justo hizo sonar su martillo y dictó sentencia diciendo: "justificado". La Biblia utiliza un término legal que significa: "absuelto, reivindicado, declarado justo". Una paráfrasis podría ser: *"como si nunca"* hubiera pecado.

Imagine que está en un tribunal. El juez ha escuchado el testimonio del oficial de tránsito y ha decidido que usted es culpable de rebasar el límite de velocidad. Con firmeza lo condena a pagar una multa obligatoria de 100 dólares. De pronto, sucede algo totalmente inesperado que provoca una conmoción en la sala. El juez se baja de su silla y se quita la toga. Abriendo su cartera, cuenta la cantidad exacta de dinero ¡y paga su multa! Sucede que ese juez es su propio padre.

Como juez, debe asegurarse de que se haga justicia y de aplicar la ley a sus acciones. Pero como padre, muestra el amor que siente por usted, paga la penalidad de su falta y compra su libertad.

Esta escena representa lo que su Padre celestial hizo por usted. Porque es *justo, él tiene que condenarlo a* muerte debido a sus pecados. Pero como *Padre amante*, Él paga por su pecado y usted recibe la vida. Jesucristo fue la paga de su pecado. Su muerte compró la vida de usted. Su muerte pagó el precio.

Cuando rindió el control de su vida a Cristo, fue más que perdonado. Un pecador perdonado simplemente queda libre de la penalidad del pecado y así queda asentado en su expediente. Pero cuando usted fue justificado, recibió la absolución total no sólo de la obligación, sino también de los cargos. Éstos fueron borrados del "registro del libro de la vida". Por cada acusación que se hace en su contra, el Juez dicta sentencia y nadie puede anularla. Ha quedado ¡Absuelto! ¡Reivindicado! ¡Justificado!

Repita estos versículos en sus propias palabras:

Romanos 5:1

Gálatas 2:16

Padre, a través de tus ojos veo que yo

Tengo confianza porque . . . he sido justificado por Dios.

He Sido Redimido

"Cristo nos redimió".
(GÁLATAS 3:13)

En marzo de 1932 todo el mundo lloró con la familia de Charles Lindbergh al saber que su hijo de 20 meses había sido secuestrado. El pequeño Charles Jr. fue sacado de su propia casa y pidieron un rescate de $50,000 dólares. El aviador Lindbergh se había convertido en un héroe internacional después de realizar el primer vuelo trasatlántico en 1927. Sin embargo, su fama no protegió a su hijo del peligro. Ni tampoco evitó que pagaran el rescate. Aunque dieron el rescate completo, los Lindbergh se convirtieron en víctimas. Fueron incapaces de cambiar el terrible destino de su hijo, que fue cruelmente asesinado por el secuestrador.

El primer secuestro del mundo se realizó en un jardín. Edén era el refugio perfecto que Dios proveyó para toda la humanidad. Pero con astucia, el adversario y secuestrador sedujo a la inocente pareja para que pecara, tomándola desde entonces como rehén de todos los que la seguirían. Apartados de su hogar, condenados a vivir separados y a morir, la única esperanza de la humanidad era "ser librados del pago del rescate".

En contraste con los Lindbergh, que no pudieron salvar a su hijo, nuestro Padre celestial envió a su Hijo Jesucristo para *redimirnos*, pagando nuestro rescate total con su vida. Su muerte compró nuestra vida. El precio fue su sangre derramada.

Los dos verbos griegos que se usan para "redimir" significan "liberar de la obligación del rescate" o "comprar". El erudito bíblico Lawrence Richards explica que "esa palabra se pone en contraste con un cuadro de indefensión, de seres humanos que han sido capturados y son cautivos de las invencibles fuerzas del mal. Sólo con la intervención de una tercera persona puede romperse la esclavitud y quedar libres".[6]

¿Quién no ha sido víctima de otros de alguna forma? Nos sentimos incapaces de defendernos. En especial, las víctimas de maltrato físico o emocional internalizan el impacto de sentirse indefensos". El adversario y secuestrador quiere seducirnos con su mentira diciendo: "Eres un prisionero impotente, estás indefenso". Hijo de Dios, usted *no* está indefenso. Su secuestrador no tiene control sobre usted. Dios ya lo redimió y pagó su rescate.

Como dijo Jesús: "Así que, si el Hijo os libertare, seréis verdaderamente libres" (Juan 8:36).

Usted fue redimido en el contrato de rescate más valioso de la historia. El Cordero perfecto compró su libertad.

Repita estos versículos en sus propias palabras:

Mateo 20:28

1 Corintios 6:19-20

Padre, a través de tus ojos veo que yo

Estoy confiado porque . . . he sido redimido.

He Sido Perdonado

"Bienaventurado aquel cuya transgresión ha sido perdonada, y cubierto su pecado".

(SALMOS 32:1)

¿Alguna vez ha sentido el peso de tomar una mala decisión y después sintió el doble peso de la falta de perdón de otra persona? El corazón del que no es perdonado se siente agobiado.

El perdón libera, aligera el peso tanto del que perdona como del que es perdonado. Una de las palabras griegas que se traducen como "perdón" significa "dejar en libertad, levantar, soltar". Imagine un conjunto de globos rojos de helio que se sueltan en el aire y se pierden en el cielo. Ese cuadro ilustra lo que sucedió cuando Dios perdonó sus pecados a través de la muerte de Cristo. Él levantó el peso del mal y lo lanzó lejos.

Tal vez usted ha escuchado la frase: "Ese globo cayó al suelo como si fuera de plomo" para indicar que una historia erró el blanco y no cumplió con lo que se suponía debía lograr. Debido al pecado, su vida no tenía valor, era como un globo de plomo. Pero con el *aliento de Su perdón*, Dios llenó ese globo, cortó las amarras, y fue liberado para no ser visto nunca jamás.

Nos molesta que cada mala palabra, acto fallido, o mal pensamiento, esté escrito en el libro divino. Dios lo ve todo, aun las cosas que creemos que nadie sabe. Él no sólo ve nuestras acciones, también conoce nuestro corazón.

Hebreos 4:13 dice: "Y no hay cosa creada que no sea manifiesta en su presencia; antes bien todas las cosas están desnudas y abiertas a los ojos de aquel a quien tenemos que dar cuenta".

¡Qué alivio trae el perdón y saber que como hijo de Dios, Jesús borró de su libro todo lo que estaba en contra suya! Eso es lo que hace que el perdón sea tan liberador. Cuando Jesucristo estaba en la cruz, su sangre se derramó en pago de sus pecados. En la hoja de su libro que tiene su nombre estaba escrita la palabra *tetelestai* (en griego), que significa "pagado en su totalidad". En contraste con el perdón humano, que a menudo perdona pero no olvida, Dios tiene la capacidad de perdonarlo instantáneamente y olvidar sus transgresiones para siempre. Salmos 103:12 nos ofrece seguridad: "Cuanto está lejos el oriente del occidente, hizo alejar de nosotros nuestras rebeliones".

¡Usted es libre! su culpa ha sido borrada. Su pecado no volverá a ser visto otra vez. El peso de su culpa se ha levantado, su corazón ha quedado *libre.* En verdad hay libertad en el perdón.

Repita estos versículos en sus propias palabras:

1 Juan 1:9

Hebreos 8:12

Padre, a través de tus ojos veo que yo

Vivo confiado porque . . . he sido perdonado.

He Sido Lavado

"Purifícame con hisopo, y seré limpio;
lávame, y seré más blanco que la nieve"
(Salmos 51:7).

Recuerdo haber visto una nevada limpia y pura, perfectamente blanca. Me pareció irresistible la silenciosa invitación de pisar la nieve recién caída. Mientras caminaba, me maravillé de la suavidad de la profunda capa que cubría como un manto los prados y arbustos. Era como si la naturaleza hubiera sido limpiada de todas sus imperfecciones. Sin embargo, cuando volví de mi paseo, me entristeció ver las huellas enlodadas que habían dejado mis zapatos. La tierra sucia que estaba bajo la blanca nieve había dejado sus manchas. La escena dejó de lucir todo su esplendor.

Para mi alegría, al día siguiente Dios había cubierto milagrosamente todas las marcas oscuras con un nuevo manto de nieve. No existían rastros del paseo que yo había dado el día anterior.

Un nuevo día, un nuevo comienzo.

¿Siente usted que su vida está inevitablemente manchada por las sucias pisadas del fracaso? ¿Lo lastima la interminable culpabilidad debido a que anduvo en pecado y las manchas lo ensuciaron? Tal vez se dice: "Si pudiera volver a empezar . . ." y no puede perdonarse a sí mismo.

Hijo de Dios, ¿no sabe que al momento de su salvación recibió un corazón nuevo y un nuevo comienzo?

Ha sido lavado y quedó "más blanco que la nieve".

Hace más de un siglo, un himnólogo describió en una melodiosa poesía la limpieza que se realizó en su corazón cuando sus pecados fueron borrados:

Señor Jesús, anhelo vivir en plenitud;
que tú vivas para siempre en mi corazón.
Elimina todos los ídolos, echa fuera al enemigo;
lávame y seré más blanco que la nieve.
Más blanco que la nieve, más blanco que la nieve,
Lávame Señor y seré más blanco que la nieve.[7]

Puesto que el Señor lo ha lavado, ya no está manchado por el pecado. Usted está cubierto por su santidad. Sus transgresiones han sido perdonadas y nunca volverán a usarse en su contra. Isaías 1:18 dice: "Venid luego, dice Jehová, y estemos a cuenta: si vuestros pecados fueren como la grana, como la nieve serán emblanquecidos".

Repita estos versículos en sus propias palabras:

Salmos 51:10

Ezequiel 36:25

Padre, a través de tus ojos veo que yo

Vivo confiado porque . . . he sido lavado.

He Sido Reconciliado

"Porque . . . siendo enemigos, fuimos reconciliados con Dios por la muerte de su Hijo"
(ROMANOS 5:10).

¿Alguna vez ha sentido que su corazón desmaya después de romper una relación? ¿Se ha roto su cercanía con alguien? Aunque hizo todo lo que pudo, no hubo reconciliación. El dolor fue insoportable al ver que la persona tan amada de su corazón de pronto se convertía en enemiga. Pidió a Dios que las cosas cambiaran –o que regresara las manecillas del reloj– para recuperar la felicidad que había experimentado.

Ya sea que la ruptura sea entre un padre y su hijo, o un marido y su esposa, o dos amigos, el corazón anhela la *reconciliación.* ¡Qué palabra tan llena de esperanza! El término griego que se traduce "reconciliar" significa "cambiar totalmente, modificar una condición por otra". Reconciliarse significa que una relación personal ha cambiado; la hostilidad *se transforma* en armonía.

Puesto que el pecado destruyó nuestra armonía con Dios haciéndonos hostiles hacia Él, el Señor planeó la reconciliación con objeto de *cambiar* nuestros corazones "enemigos" y reanudar el compañerismo mutuo.

Ningún ejemplo describe mejor el anhelo divino de reconciliarnos, que el relato del "hijo pródigo", que muchos consideran la historia más bella jamás escrita.

En Lucas 15, un joven ingrato exigió y recibió de su amoroso padre la herencia que le correspondía. Con celeridad gastó su fortuna y un día amaneció tirado en el fango. El dinero y los amigos se habían ido y el único trabajo que encontró fue alimentando a los cerdos, ¡el trabajo más inmundo para un joven judío! Finalmente, volvió en sí y se dio cuenta de su desgracia. Emprendió el regreso a casa pensando en trabajar como sirviente. Pero, ¿sería recibido por su padre?

Qué gran oportunidad para que el padre le dijera: "¡Te lo dije!" Pero no fue así. Cuando a la distancia vio a su descarriado hijo, el padre se llenó de compasión y corrió a abrazarlo exclamando: "Este mi hijo muerto era, y ha revivido" (Lucas 15:24). ¿Sabía usted que su Padre compasivo mantuvo los brazos abiertos hasta que usted cambió su corazón hacia él? ¡Qué gozo le inundó el día que usted se reconcilió con Él!

Me aparté de Dios, pero ahora regreso al hogar.
He caminado por la senda del mal, pero regreso al hogar.
Regreso al hogar, regreso al hogar para no volver al mal.
Abre tus brazos de amor oh Señor, porque regreso al hogar.[8]

Repita estos versículos en sus propias palabras:

Romanos 5:10 ____________________

Colosenses 1:22 ____________________

Padre, a través de tus ojos veo que yo

____

Vivo confiado porque . . . he sido reconciliado con Dios.

Tercera Parte

Lo que Tengo en Cristo

"Él da esfuerzo al cansado, y multiplica las fuerzas al que no tiene ningunas. Los muchachos se fatigan y se cansan, los jóvenes flaquean y caen; pero los que esperan a Jehová tendrán nuevas fuerzas; levantarán alas como las águilas; correrán, y no se cansarán; caminarán, y no se fatigarán".

(Isaías 40:29-31)

Tengo un Nuevo Corazón

"Os daré corazón nuevo, y pondré espíritu nuevo dentro de vosotros".
(Ezequiel 36:26)

Hace muchos años, una amiga me regaló un reloj suizo. Tenía un diseño muy inteligente que hacía que cada hora saliera un pajarito de su casita. Pero no era muy exacto, siempre se atrasaba. Hacía su "cu-cú" ¡cuando no debía! Como me gustaba tanto, lo llevé al relojero. Con cuidado examinó las entrañas de mi preciado regalo y dijo que necesitaba un nuevo resorte. Riéndose, me dijo: "En realidad, su reloj necesita un nuevo corazón".

Lo mismo sucede con muchas personas. Todos necesitamos un nuevo corazón. Mire a su alrededor. ¿Cuántos padres han enseñado a sus hijos a mentir, robar, gritar y pegar a otros? Muy pocos, si es que los hay. Sin embargo, muchos niños mienten, roban, gritan y pegan a otros. ¿Por qué? Porque son egoístas y quieren todo para sí mismos.

Según la palabra de Dios, nacimos con una naturaleza pecaminosa. Salmos 51:5 dice: "He aquí, en maldad he sido formado, y en pecado me concibió mi madre". Y Jeremías 17:9 añade: "Engañoso es el corazón más que todas las cosas, y perverso; ¿quién lo conocerá?"

Pero la buena noticia es que Dios dice: "Os daré corazón nuevo, y pondré espíritu nuevo dentro de vosotros". Cuando usted establece una relación genuina con Jesucristo, Dios le da un nuevo corazón.

Su necesidad es similar a la de un enfermo del corazón cuya única esperanza es un trasplante. En sentido espiritual, Dios elimina su corazón enfermo y lo sustituye con uno nuevo.

Después del trasplante divino comienza lentamente la recuperación. Como Dios promete, su nuevo corazón empieza a sentir el amor perfecto. Su egocentrismo se convierte en Cristocentrismo. Usted recibe la cura para reemplazar el odio y la medicina para la amargura. Enfrenta al mundo con una nueva libertad, y ve el futuro como nunca antes.

"Crea en mí, oh Dios, un corazón limpio, y renueva un espíritu recto dentro de mí" (Salmos 51:10). Cuando cambia su corazón, cambia su vida. Puede amar a quienes no lo merecen, ser amable con quienes no lo son, perdonar lo imperdonable. Todo esto es posible porque ahora tiene un nuevo corazón, el corazón de Dios.

Repita estos versículos en sus propias palabras:

1 Timoteo 1:5 ____________________

2 Timoteo 2:22 ____________________

Padre, a través de tus ojos veo que yo

____

Soy valioso porque . . . tengo un nuevo corazón.

Tengo su Santo Espíritu

"No hemos recibido el espíritu del mundo,
sino el Espíritu que proviene de Dios".
(1 Corintios 2:12)

Un apagón inesperado tomó por sorpresa a mi vecindario. En un instante las luces que estaban prendidas, se apagaron y todo se sumió en tinieblas. Con cuidado me acerqué a la mesita de noche y busqué mi linterna. ¡Qué frustración! ¡No funcionaba! ¡Qué fastidio . . . mi linterna estaba inservible!

Así de inservible es la persona que no funciona de acuerdo al plan divino. ¿Por qué? Porque Dios originalmente diseñó al espíritu humano para que alojara a su Santo Espíritu. En Edén, Adán y Eva tuvieron una perfecta comunión con Dios. El Espíritu Santo moraba en los espíritus humanos e iluminaba todos los aspectos de su vida. Sin embargo, un día ellos proclamaron su "declaración de independencia" de Dios. En consecuencia, cuando el pecado entró, el Espíritu salió de ellos. Se quedaron sin Espíritu, sin vida, sin luz. Como una linterna sin baterías, carecían de poder en su interior, así que no había luz en el exterior. Entraron en una espiral descendente de oscuridad espiritual.

Pero Dios no se da por vencido con los que nacen en la oscuridad: "Lámpara de Jehová... [que] escudriña lo más profundo del corazón" (Proverbios 20:27). Dios anhela reunir su Espíritu Santo con el espíritu humano para que vuelvan a ser uno.

Todos conocemos la frustración de tratar de caminar en la oscuridad. "¿A dónde voy? ¿Qué debo hacer? ¿Qué debo pensar?" Cuando Dios nos salvó fuimos sellados con el Espíritu Santo (Efesios 1:13). Él ilumina nuestra vida y alumbra nuestro futuro.

Puesto que él sabe todo, pasado, presente y futuro, es el guía perfecto de la vida. "Pero cuando venga el Espíritu de verdad, él os guiará a toda la verdad" (Juan 16:13). ¿Cómo? Él es nuestro consejero personal, maestro, nuestra conciencia, el que nos redarguye, consuela y llena el alma (mente, voluntad y emociones) con la verdad perfecta. Él la dirige y controla nuestras emociones.

Usted fue diseñado por Dios para brillar, como una linterna, pero no puede hacerlo sin energía. El Espíritu Santo que mora en usted le proporciona el poder para dar luz. Si confía en ese poder, brillará como se supone que debe hacerlo. Puede ser útil si posee este tesoro. "Vosotros sois la luz del mundo" (Mateo 5:14).

Repita estos versículos en sus propias palabras:

Juan 14:16

1 Corintios 6:19

Padre, a través de tus ojos veo que yo

Soy valioso porque . . . tengo el Espíritu Santo.

Tengo la Mente de Cristo

"Mas nosotros tenemos la mente de Cristo".
(1 Corintios 2:16)

Aquella noche fría, el fuego calentaba nuestra conversación. Estaba pasando un tiempo especial con una de mis mejores amigas, a la cual había conocido por muchos años. En varias ocasiones yo empecé a decir algo y antes de que mis ideas estuvieran bien formadas, ella terminaba la oración. Si mal no recuerdo, dos veces dijimos la misma palabra, al mismo tiempo.

Mi amiga y yo estamos unidas en mente y espíritu. Conocemos nuestras sensibilidades y tristezas . . . así como nuestras preferencias y dolores.

Eso es lo que Dios quiere que tengamos con Él cuando hablamos de la mente de Cristo. Él quiere que usted conozca su corazón por medio de la Palabra y que sus pensamientos saturen los suyos. Su plan desde el principio ha sido que su divina naturaleza se convierta en "la segunda naturaleza de usted".

Cuando le entregó su vida a Cristo, usted recibió una "nueva naturaleza". *Naturaleza* significa sencillamente hacer lo que nos viene en forma natural. Dios le ha dado la capacidad de pensar como Él piensa, en forma *natural*. ¡Qué don tan extraordinario!

Una escritora amiga mía me dijo que cada vez que se sienta a escribir primero ora pidiendo la mente de Cristo –le pide que sus pensamientos fluyan a través de ella mientras escribe o trabaja. Su comentario me impactó grandemente. Ahora yo hago lo mismo.

En medio de tanta confusión, necesitamos la mente de Cristo. Cuando tenemos conflictos, cuando la crítica hace más daño y los consejos son contradictorios, necesitamos la mente de Cristo porque mientras vivamos, siempre habrá quienes nos ataquen mental y emocionalmente.

¿Recuerda a los "amigos" de Job? Aunque él no hizo mal alguno, lo acusaron de haber pecado. El patriarca se sintió agobiado por su interminable palabrería.

Tal vez hay ocasiones en que usted se siente como Job y duda de la verdad. Los consejeros hablan y hablan, tejiendo redes de palabras. Se siente atrapado. ¿Cómo soltarse? Si desarrolla la mente de Cristo, quedará libre de las redes del mundo que lo quieren atar y derrotar.

Conocemos la mente de Cristo cuando compartimos una relación con él. Es algo progresivo, que viene de estar unidos a Él. Es una unidad de mente y espíritu. ¡No hay mejor base para una amistad!

Repita estos versículos en sus propias palabras:

Romanos 12:1-2 ____________________

Efesios 4:23 ____________________

Padre, a través de tus ojos veo que yo

____

____

____

Soy valioso porque . . . tengo la mente de Cristo.

Tengo el Poder de Dios

"Jehová dará poder a su pueblo".
(SALMOS 29:11)

Por miles de años, ha existido un club que ofrece membresías en todo el mundo. Es un club popular y prolífico. Es el "Club de No Puedo".

Su reglamento requiere que sus miembros declaren con convicción lo siguiente: "No puedo evitar odiarlo después de lo que me hizo". "No puedo dejar este pecado". "No puedo volver a perdonar". El fervor de la afirmación hace que la frase suene como una ley inalterable y universal.

Si usted pertenece a ese club, su juramento de lealtad debe hacer eco de su lema: "No se puede vencer al pecado". También debe creer en su fundamento: "La derrota es normal". Así mismo, debe promover su propósito: "Llenar todas las mentes de futilidad".

Todos estamos sujetos a la ley de la gravedad, que es la fuerza que atrae todos los cuerpos hacia el centro de la tierra. De la misma manera, los miembros del "Club de No Puedo" son atraídos hacia la derrota y no sólo al piso, sino al pecado.

¿Se siente usted ligado a un pecado específico? ¿Le parece imposible salirse del "Club de No Puedo"? Dios no quiere que sus hijos tengan el "no puedo" como lema de su vida. Cuando usted es salvo, él le da su Espíritu Santo para que tenga el *poder* de Dios. Él ha propinado un fuerte golpe al "Club de No Puedo". Él hace posible que usted domine cualquier pecado. ¿Cómo? Sustituyendo una ley con otra: "Porque la ley del

Espíritu de vida en Cristo Jesús me ha librado de la ley del pecado y de la muerte" (Romanos 8:2).

¿Cómo puede una masa de metal de 190 toneladas de peso desafiar a la ley de la gravedad? ¡Imposible! "No puede hacerse". Pero sí es posible . . . porque utiliza una ley superior. Cuando por fe se entrega a la ley de la aerodinámica, usted puede subirse a un avión con plena confianza de que lo transportará de una ciudad a otra. La gravedad no lo mantiene pegado al suelo.

En forma similar, cuando por fe usted entrega su vida al control del Espíritu, las declaraciones de "no puedo" dejan de tener efecto en su vida. Cuando Dios envía su Espíritu al de usted, le proporciona su poder, ya no está esclavizado por la ley del pecado. El "no puedo" se convierte en "sí puedo".

"Él da esfuerzo al cansado, y multiplica las fuerzas al que no tiene ningunas . . . los que esperan a Jehová tendrán nuevas fuerzas; levantarán alas como las águilas".

(Isaías 40:29,31)

Repita estos versículos en sus propias palabras:

Efesios 3:16

Filipenses 4:13

Padre, a través de tus ojos veo que yo

Soy valioso porque . . . tengo el poder de Dios.

Tengo la Misericordia de Dios

"Y tendré misericordia del que tendré misericordia".
(ÉXODO 33:19)

Todas las miradas están fijas en la mujer. Su rostro está ensombrecido por el miedo. El corazón le late con fuerza, su sangre corre desbocada . . . está aterrada. Los fariseos la arrastran hasta donde está Jesús junto con la multitud curiosa. Su destino está en sus manos. Con deleite malévolo, sus acusadores relatan que fue descubierta en adulterio. Le recuerdan a Jesús que según la ley judía debe morir lapidada. Después le demandan una respuesta: "¿Tú, pues, qué dices?" (Juan 8:5)

Pero la preocupación de Jesús era el alma de la mujer, no su pecado. Fijándose en los "irreprochables" fariseos, les dijo: "El que de vosotros esté sin pecado sea el primero en arrojar la piedra contra ella". ¿Qué? ¿Quiso decir que ellos debían analizarse a *sí mismos*? El Señor apeló a la conciencia de la multitud. Uno por uno –como en cámara lenta– se alejaron, dejando que la mujer se enfrentara al Hombre compasivo, al único que tenía derecho de tirar la primera piedra.

"¿Ninguno te condenó?" le preguntó. "Ni yo te condeno; vete y no peques más". ¡Qué compasión . . . Jesús no miró su falta, sino su necesidad, perdonó su pecado y la hizo libre. Una adúltera que merecía morir, recibió otra oportunidad para vivir. ¡Sin duda el Señor mostró una misericordia inigualable!

"Misericordia" significa literalmente "manifestación externa de compasión". Es más que una emoción; es una *compasión activa* que cubre una necesidad. Nadie merece esa compasión. Pero se nos da gracias al corazón compasivo del dador y a la necesidad del que la recibe. Cuando Dios nos muestra su misericordia, es una expresión de su corazón compasivo.

Como hijos suyos, Dios nos ha dado una moneda; la de su compasión. Por un lado está grabada la gracia, y en el otro, su misericordia. Durante toda nuestra vida él nos extiende tanto su "gracia" (*nos da* lo *que no* merecemos: libertad) y "misericordia" (*no nos da lo* que *sí merecemos: la condenación*).

Usted no puede comprar esa moneda, no tiene precio. No puede ganarla, es inmerecida. Tampoco puede hacer méritos para alcanzar misericordia; si pudiera, la misericordia dejaría de serlo.

Hijo de Dios, usted ha sido perdonado –no por sus méritos, sino por la gracia de Dios. ¡Qué gran compasión la del Hombre de misericordia!

Repita estos versículos en sus propias palabras:

Isaías 55:7 ______________________________

____

____

Hebreos 4:16 ______________________________

____

____

Padre, a través de tus ojos veo que yo

____

____

____

Tengo valor porque . . . tengo la misericordia de Dios.

Tengo Su Gracia Inmerecida

"Pero él da mayor gracia"
(Santiago 4:6).

La clase de álgebra fue mi favorita en todos mis años de estudiante. Debido a que me encantan las incógnitas, para mí fue divertido estudiarla. Aunque las otras materias se me dificultaban, mis buenas notas en álgebra aliviaban en algo mi baja auto estima. Me enfrentaba a los exámenes totalmente confiada. El que presentaría el martes siguiente no me preocupaba gran cosa.

Pero cuando me entregaron la prueba, me di cuenta de que no recordaba la fórmula de la primera pregunta, ni de la segunda, ni de la tercera, o de la cuarta o quinta . . . ¡mi mente se quedó en blanco! Sólo pude resolver los dos últimos problemas. Aturdida, entregué el examen a la maestra. Después de una pausa reflexiva, me preguntó: "¿Cuándo tienes tiempo libre?" "Mañana a las 10", respondí nerviosa. Al siguiente día a las 10 en punto estaba con la maestra de álgebra, quien decidió darme otra oportunidad. Eso se llama "gracia".

Mucho antes de que yo supiera el significado de "gracia", experimenté lo que se siente recibirla. Me asombró profundamente que la maestra me diera ese *favor inmerecido.* Esto es lo que significa la palabra griega que se traduce como *gracia*: "cuidado o favor inmerecido".

Dios es un Dios de gracia que no sólo nos salvó de la muerte eterna, sino que también nos libra de una vida derrotada. Él nos salvó poniendo su vida en nosotros.

Si sólo se preocupa de las fallas que tiene en algunas áreas de su vida, usted puede caer en la espiral descendente de la desesperanza. No obstante, Jesús dijo: "Yo he venido para que tengan vida, y para que la tengan en abundancia".

Él nos da más de su gracia cuando las cargas son mayores;
Él nos da más fuerza cuando aumenta la labor.
A mayor aflicción, él aumenta su misericordia;
Si tus pruebas se multiplican, él multiplica su paz.
Su amor no tiene límites; su gracia no tiene medida.
Su poder es infinito y de sus infinitas riquezas,
Jesús ¡nos da y nos da y nos vuelve a dar![9]

¿En verdad puede usted sentirse bien cuando ha fallado? Hijo de Dios, el Dios de toda gracia puede librarlo del desánimo, la derrota y la desesperanza. Cuando se siente débil, Él lo fortalece; Él es su fuerza. Cuando falla Él lo sostiene. ¡Qué bendición saber que el Dios de toda gracia nos libra del fracaso! Él siempre nos da una segunda, tercera o cuarta, oportunidad.

Repita estos versículos en sus propias palabras:

2 Corintios 12:9 ....

....

....

2 Corintios 9:8 ....

....

....

Padre, a través de tus ojos veo que yo

....

....

....

Soy valioso porque . . . tengo la gracia de Dios.

Tengo Completo Acceso a Dios

"En quien tenemos seguridad y acceso con confianza por medio de la fe en él".
(Efesios 3:12)

Cuando usted iba creciendo, ¿qué clase de "señales" mostraba su padre? ¿Era accesible . . . estaba disponible . . . se le podía acercar? Nunca olvidaré al mejor amigo de mi padre. Él mostraba todas esas señales en forma natural y nunca amenazó con cambiarlas. Durante la adolescencia me sentía atraída por él, porque me hacía sentir importante cuando estaba en su presencia.

Su disponibilidad era muy evidente, y contrastaba grandemente con la de mi propio padre, quien creía que "los niños deben verse, pero no escucharse". Siempre me asustó su austeridad de tal modo, que cuando oía sus pisadas me escondía detrás de una puerta. No recuerdo que fuera normal sentarme en sus rodillas, o que lo besara o compartiera con él mis secretos. Observé en mi padre señales que proclamaban: "¡Aléjate! ¡Prohibido pasar! ¡No entres!"

Todas las noches después de la cena, mi padre exigía la atención total de mi madre, y literalmente le prohibía que estuviera con nosotros, sus hijos. Nunca olvidaré la soledad que experimentaba noche tras noche al verme privada del cuidado de mi madre.

Algunos vemos a Dios de la misma forma en que yo percibía a mi padre: como un ser amenazador, poderoso, completamente inaccesible y ajeno a los detalles de nuestra vida.

Pero ¿cuál es la verdad acerca de Dios? ¿Cómo podemos conocerlo mejor? En Juan 14:8, Felipe pidió a Jesús: "muéstranos el Padre, y nos basta". El Señor respondió: "El que me ha visto a mí, ha visto al Padre . . . yo soy en el Padre, y el Padre en mí". Podemos descubrir la respuesta en las señales que los discípulos vieron en Jesús.

Él siempre estuvo disponible para los pobres; no llevaba etiquetas o ropa de marca para agradar a los ricos. No se puso un rótulo de inaccesible cuando vio a los leprosos. Hasta la prostituta se sintió conmovida por su sencillez. Y cuando los niños trataron de acercarse a él, Jesús reprendió a sus discípulos porque querían ponerle el título de "no disponible". Desde los niños hasta los leprosos; de los discípulos a los pecadores, nadie se sintió rechazado por Jesús. Aunque era Dios hecho carne, siempre estuvo disponible y sigue estándolo para nosotros.

Si usted nunca ha tenido pleno acceso a un padre terrenal amoroso, sí tiene entrada ante su Padre celestial. Él nunca pone el letrero de "prohibido pasar" en su corazón.

Repita estos versículos en sus propias palabras:

Efesios 2:18

Hebreos 4:16

Padre, a través de tus ojos veo que yo

Soy valioso porque . . . tengo libre acceso a Dios.

Tengo Todo para Vivir en Santidad

"...Todas las cosas que pertenecen a la vida y a la piedad nos han sido dadas por su divino poder".
(2 Pedro 1:3)

Hace muchos años, después de que abrí mi primera cuenta bancaria, recuerdo que me sentía rara. Tenía una chequera, ¡pero no sabía cómo usarla! ¡Qué penoso es saber que tienes dinero en el banco pero no sabes sacarlo!

Como no quería que mis hermanas menores tuvieran la misma confusión, fui al banco del vecindario y abrí una cuenta para cada una de ellas. Todavía recuerdo el gozo que sentí al depositar algo que ellas ni sospechaban que tenían. Cuando menos, sabrían que tenían recursos en el banco ¡y cómo sacarlos!

Cuánto gozo debe haber sentido nuestro Padre celestial cuando nos abrió una cuenta personal en su banco, el "banco de las bendiciones". Lo tiene abierto 24 horas al día, y nos ofrece fondos y retiros ilimitados.

¿Sabía usted que tiene esa cuenta bancaria espiritual? Al momento en que se convirtió en hijo de Dios, él abrió una cuenta personal para usted con depósitos muy superiores a su capacidad de gastarlos. Él le ha dado todos los recursos que va a necesitar para reflejar el carácter de Cristo en su vida.

Uno de los errores más comunes de los clientes del banco del Señor, es que no consultan sus libretas bancarias para ver el saldo que tienen.

Pero en nuestra libreta, la Biblia, encontramos detalles de nuestros activos. ¿Está usted angustiado? Romanos 5:1 muestra que tiene un depósito de paz. ¿Se siente débil? Filipenses 4:13 revela que tiene un depósito de fortaleza. El asiento que se encuentra en 2 Corintios 5:5 indica que Dios "nos ha dado a su Espíritu" ¡Y qué depósito –Dios está en usted para reproducir su vida en usted!

¿Está enojado? ¿Necesita paciencia? Cuando el Espíritu es depositado en su cuenta, Su presencia genera increíbles beneficios. Gálatas 5:22 declara que el fruto del Espíritu rinde los siguientes dividendos: "amor, gozo paz, paciencia . . . dominio propio", los cuales están disponibles para ser retirados de inmediato.

¿Está usted en bancarrota espiritual? Nada agrada más a Dios que "haga efectivos sus cheques en su banco". Recuerde que su divino poder le ha dado todo lo que necesita para la vida y la santidad. ¡Puede hacer suyo todo esto!

Repita estos versículos en sus propias palabras:

Efesios 1:3

2 Corintios 9:8

Padre, a través de tus ojos veo que yo

Soy valioso porque . . . Dios me da todo para vivir en santidad.

Cuarta Parte

El propósito de Dios para mi vida

"Todas las cosas que pertenecen a la vida y a la piedad nos han sido dadas por su divino poder, mediante el conocimiento de aquel que nos llamó por su gloria y excelencia".

(2 Pedro 1:3)

Fui Creado para Buenas Obras

"Somos . . . creados en Cristo Jesús para buenas obras, las cuales Dios preparó de antemano para que anduviésemos en ellas".
(Efesios 2:10)

Todos sabemos lo que es sentirse inferior. Al ver a nuestro alrededor, vemos algunas personas que utilizan su máximo potencial, realizan sus tareas con rapidez y creatividad. Al compararnos, nos sentimos pequeños, inadecuados, incapaces, ineptos.

Pero no nos confundamos. En la economía divina, lo *más grande no siempre es lo mejor*. ¿Recuerda la ofrenda de la viuda pobre de Lucas 21? Su ofrenda equivalía a la vigésima parte de un centavo. Basándose no en la cantidad de la ofrenda, sino en su sacrificio, Jesucristo la señaló diciendo: "esta viuda pobre echó [en el platillo] más que todos". El Señor quiso decir que esa pequeña ofrenda hecha con corazón humilde tuvo más valor que las otras. Su ofrenda contó mucho –porque dio sacrificialmente.

Lo importante no es el tamaño, sino el sacrificio. A Dios no le pasa desapercibida la amabilidad más pequeña, o el servicio más humilde. Un pequeño servicio es grande cuando la motivación es correcta ante los ojos de Dios.

> No es lo que el hombre hace lo que determina si su trabajo es sagrado o secular, sino lo que lo mueve a hacerlo. El motivo lo es todo. Cuando el hombre santifica al Señor en su corazón, no puede realizar actos comunes.[10] —A.W. Tozer

Como hijo de Dios, ¿se ha dado cuenta de que Dios ha

preparado de antemano una obra importante y significativa para que usted la realice? Él tenía en mente ese plan aun antes de que fuera su hijo. Tal vez piense que no es capaz de hacer nada que valga la pena. Pero acepte que ahora mismo está preparado para hacer un trabajo precioso y poderoso—una obra de amor.

Conozco a una mujer que adopta "la postura del oso de peluche". Todos sabemos que los ositos tienen algo en común –sus brazos siempre están abiertos. Ella piensa en la gente que nunca recibe un abrazo. Por eso, tiene el maravilloso ministerio de animar a otros con un tierno abrazo. Siempre tiene los brazos abiertos, listos para compartir el amor del Señor.

¿Se ha sentido insignificante porque nadie se fijó en usted cuando quería acercarse a otros? Tal vez su esfuerzo sacrificial pasó desapercibido. Pero recuerde que aun los actos invisibles están delante de Dios: " . . .En cuanto lo hicisteis a uno de estos mis hermanos más pequeños, a mí lo hicisteis" (Mateo 25:40). Ningún sacrificio es pequeño ante los ojos de Dios.

Repita estos versículos en sus propias palabras:

Salmos 90:17 ______________________________

____

____

Colosenses 3:23 ______________________________

____

____

____

Padre, a través de tus ojos veo que yo

____

____

____

Soy valioso porque . . . fui creado para buenas obras.

Soy Embajador de Cristo

"Así que, somos embajadores en nombre de Cristo".

(2 Corintios 5:20)

La pequeñita rubia de pelo rizado que bailaba *tap* en las pantallas de cine conquistó a millones de personas. Su gracia atraía a los niños de todo el mundo. Las muñecas con su nombre inundaron el mercado. Los Rangers de Texas la nombraron madrina y Kentucky la convirtió en su coronela. Su club de fanáticos de Inglaterra, que contaba con 165,000 miembros, prometió "seguir fielmente el ejemplo que ella marcó en carácter, comportamiento y forma de conducirse". El fenómeno crecía a medida que aparecía en una película tras otra.

Un reportero lo preguntó: "Shirley Temple, ¿no te cansas de que la gente te empuje y apriete, que te haga preguntas y que te exija tanto tiempo?" "No, de ninguna manera" respondía ella. "Es parte de mi trabajo". Ella fue ejemplo de cómo vivir al máximo potencial de su llamado. Hijo de Dios, usted también tiene un llamamiento. Efesios 4:1 dice: "Yo pues, preso en el Señor, os ruego que andéis como es digno de la vocación con que fuisteis llamados". ¿Cuál es su llamamiento? ¡Ser embajador!

Muchos años después, el presidente Gerald Ford nombró embajadora a Shirley Temple Black para representar a Estados Unidos ante el país de Ghana. ¡Qué puesto de tanta confianza! Un embajador es un mensajero oficial del más alto rango que un gobierno envía a otro. Como representante residente, tiene la autoridad para hablar, dialogar, influir y negociar a favor del país que lo envía.

Usted también ha sido llamado para ser embajador –representante de Cristo ante un mundo que tiene hambre espiritual y que necesita del mensaje del Maestro.

Tal vez piense que otros sí están calificados para ser embajadores, ¡pero *usted* nunca! Dirá: "Yo no tengo la libertad ni el lenguaje para ser embajador –en especial en mi familia y mi trabajo". Acepte que el poder de Dios para hablar a través de usted no está limitado por la falta de libertad. Pablo estaba preso pero sabía lo que hacía cuando dijo: "A fin de que al abrir mi boca me sea dada palabra para dar a conocer con denuedo el misterio del evangelio, por el cual soy embajador en cadenas; que con denuedo hable de él, como debo hablar" (Efesios 6:19-20).

Puesto que Cristo vive en usted, él manifestará su carácter por medio suyo. Ministrará con su misericordia; representará su justicia, hablará con su fuerza. Aunque no tenga libertad de hablar, su influencia será producida por su Espíritu. Usted ha sido nombrado embajador, ¡por el Rey!

Repita estos versículos en sus propias palabras:

Efesios 4:1

Mateo 5:14-16

Padre, a través de tus ojos veo que yo

Soy valioso porque . . . soy embajador de Cristo.

He Sido Conformado a la Imagen de Cristo

"Porque a los que antes conoció, también los predestinó para que fuesen hechos conformes a la imagen de su Hijo"
(Romanos 8:29)

Ante una emocionada multitud, en 1976 Dorothy Hamill fue la sensación de las olimpiadas cuando ganó la medalla con su figura de patinaje el "camello Hamill". Pero aun más asombrosa fue la sensación que causó en la moda con su corte de pelo. En cuestión de días, millones de imitadoras saltaron a las pistas de patinaje.

¿Alguna vez ha tratado de verse como otra persona? Tal vez compró ropa de última moda, pero sólo sirvió para cubrir su inseguridad. Cambió de peinado, pero no cambiaron sus dudas. ¡En verdad quería conformarse a la moda!

La palabra "conformado" puede ser fugaz y cambiante, como el peinado de Dorothy, que se pone de moda por un tiempo pero después se olvida. Sin embargo, cuando Dios dice que lo predestinó "para ser conformado a la imagen de Cristo" no se refiere a un cambio *externo*, sino a uno *interno*. Cuando nos conformamos a la imagen de Cristo, se nos da la capacidad de tener su carácter por dentro. Esto cambia nuestra conducta externa. Ya no se sentirá presionado por lo popular, por los medios de comunicación, ni por las políticas humanas. Así como Jesús no aceptó ser controlado por la presión externa, de la misma manera usted está predestinado a mostrar la semejanza de Cristo.

Un hombre que en verdad conformó su carácter al de Cristo fue el campeón olímpico escocés Eric Liddell. En 1924, era la esperanza de Gran Bretaña para ganar la carrera de los 100 metros. Fue entonces que se anunció que la carrera para calificar se llevaría a cabo en domingo. Para Eric ¡era impensable! Él creía firmemente que el domingo es el día del Señor, y decidió no participar en la carrera. No cambió de idea aunque corría por Escocia, por Inglaterra, y por el oro, sabiendo que iría contra su conciencia.

Días después, lo incluyeron en la carrera de 400 metros, para la cual no estaba entrenado. La señal se escuchó y salió disparado como una bala. Casi volando por la pista, Eric llegó a la meta y estableció un nuevo récord mundial. Desde entonces ha sido admirado como alguien que no estuvo dispuesto a conformarse a las presiones del mundo. ¿Por qué? Porque su vida se había conformado al carácter de Cristo.

Repita estos versículos en sus propias palabras:

Hebreos 12:1

Romanos 12:2

Padre, a través de tus ojos veo que yo

Soy valioso porque . . . estoy siendo conformado al carácter de Cristo.

Estoy Completo en Cristo

"Y vosotros estáis completos en él".
(COLOSENSES 2:10)

En 1919, sus cálculos asombraron a los científicos y se hizo mundialmente famoso. Fue llamado el genio más grande del mundo. Sus teorías de la relatividad revolucionaron a la comunidad científica. Su fama lo llevó a viajar a todas las capitales del mundo para dar conferencias. Sin embargo, él confesó que era muy extraño ser conocido universalmente y aun así, sentirse tan solo.

Estas palabras de Albert Einstein reflejan el dolor y patología que siempre ha afectado a los seres humanos. La soledad presenta una paradoja: ¿Cómo puede tanto vacío provocar un ánimo tan pesado? La respuesta radica en que el corazón anhela vincularse con alguien importante. Así nos hizo Dios. Todos hemos experimentado la soledad, que es "el estado de sentirse aislado de otros, la falta de conexión con otro ser humano".

El mayor temor de los solteros es la soledad. En 1776, sólo el 4 por ciento de los adultos de norteamérica eran solteros. Pero actualmente esa cifra es de más de 50 por ciento.[11] Es triste que la mayoría de los solteros vivan bajo la idea de que están incompletos. Esa idea ha sido moldeada por sus amigos bien intencionados que los bombardean con la promesa: "Un día vendrá la persona perfecta para complementarte". O: "Un día encontrarás a alguien que te llene completamente".

No es sorprendente que los solteros tengan miedo. ¿Quién quiere ser una persona a medias?

Hijo de Dios, cuando usted fue salvo, Cristo vino a morar en usted y Su presencia le da plenitud total, lo hace completo. Colosenses 2:9-10 nos asegura: "Porque en él habita corporalmente toda la plenitud de la Deidad, *y vosotros estáis completos en él"*. Estar completo significa "que no nos falta nada". *No necesitamos nada más para estar completos.*

En consecuencia, debemos eliminar los siguientes tres mitos: 1) "Los solteros siempre son solitarios". ¡No! Aunque sí pueden experimentar momentos de aislamiento. 2) "Los solteros no están completos". ¡No! Cuando Cristo mora en usted, tiene su plenitud y él vive a través suyo. 3) "Sólo los solteros están solos". ¡No! Los casados también experimentan una intensa soledad a veces. Pero ya sea usted casado o soltero, elimine la idea de que le falta algo y confiadamente afirme: "Soy una persona y ¡el número uno es un número *completo*!"

Repita estos versículos en sus propias palabras:

Juan 17:22-23

2 Pedro 1:3-4

Padre, a través de tus ojos veo que yo

Soy valioso porque . . . estoy completo en Cristo.

Soy Santo

"Pues no nos ha llamado Dios a inmundicia, sino a santificación".
(1 Tesalonicenses 4:7)

¿Alguna vez ha tenido problemas con el pasaje que dice: "Sed santos, porque yo soy santo"? (1 Pedro 1:16) Puesto que la mayoría piensa que ser santo equivale a vivir sin pecado, ¿quién puede ser santo? Parece algo inalcanzable, ¡inimaginable!

Cierto día, una amiga me dijo: "Yo sé que 'santa' significa 'apartada', pero yo *no quiero* serlo. Me suena como ¡un caso grave de sarampión!" Infortunadamente, algunos consideran que un "santo" es alguien que vive en un monasterio, que hace oración las 24 horas del día y que nunca peca. Sin embargo, la santidad no produce aislamiento, sino unión –la unión del carácter de Cristo con el suyo, para que su divina naturaleza se exprese a *través* de usted. "Naturaleza" significa "lo que le es natural".

Cuando era niña, mi tío Jimmy me paseaba por su sembradío de sandías de Idabel, Oklahoma. Un día tomando una semillita negra, dijo: "Estas enormes sandías crecieron de semillas como esta". ¡Me parecía imposible! Pero a sólo 120 kilómetros de Idabel está el pueblo de Hope, Arkansas, donde sucedió algo aún más increíble. Un joven llamado Jason Bright proporcionó a una semilla los cuidados y ambiente natural óptimos para que creciera en forma natural. ¿Cuál fue el resultado? Un récord mundial. Produjo una sandía ¡de 130 kilos! ¿Cómo lo hizo?

Las semillas de sandía hacen lo que les es natural –crecen. Sus semillas fueron *apartadas* por Dios para ese propósito.

Cuando usted es apartado para Dios, la santidad le es natural; Dios es el labrador y Cristo es la semilla. Cuando Cristo mora en su corazón, es *apartado* para crecer a su semejanza. 1 Juan 3:9 explica: "Todo aquel que es nacido de Dios, no practica el pecado, porque la simiente de Dios permanece en él". Para el Señor es natural no pecar. Por tanto, como ha puesto su simiente en usted, le va siendo natural *no pecar.* Lo que parece imposible se hace posible. Es apartado *del pecado para Dios*. No va a dejar de pecar instantáneamente, pero si pecará menos cada vez.

Dios dice que somos santos. Con su presencia dentro de nosotros, él producirá lo imposible a través de nosotros. ¿Por qué conformarnos con menos?

Repita estos versículos en sus propias palabras:

Romanos 12:1 ______________________________

____

____

____

2 Corintios 7:1 ______________________________

____

____

____

____

Padre, a través de tus ojos veo que yo

____

____

____

Soy valioso porque . . . soy santo.

Estoy Revestido con la Justicia de Dios

"Me vestía de justicia, y ella me cubría"
(Job 29:14).

Supongamos que usted se encuentra en la playa . . . tiene hambre . . . encuentra un restaurante . . . entra precipitadamente . . . pero ve el anuncio que dice: *"sin zapatos ni camisa, no hay servicio"*. El mensaje es claro. Debe estar vestido para que lo acepten.

Dios también tiene un alto estándar. Pero él hace posible que seamos aceptados en todo tiempo porque Él nos "ha vestido con su justicia". La palabra "justicia" en su forma más simple quiere decir "recto" y "justo". También significa: "absuelto, reivindicado". Nuestra fe en Jesucristo nos ha *absuelto* del pecado. El Señor ya no ve nuestro pecado, sino que nos ve "revestidos" de la justicia de Cristo. Por eso, nos acepta porque estamos correctamente vestidos "para venir a cenar".

"Justicia" tiene dos significados similares, pero diferentes:

1. Primero, puede *estar* bien ante los ojos de Dios con base en la *fe.*
2. Segundo, *hacer bien* ante Dios con base en la *conducta.*

El problema con la segunda opción es que "no hay justo ni aun uno" (Romanos 3:10). Por tanto, si desea ser aceptado por Dios, no puede hacerlo a través de acciones "correctas a sus ojos". Dios sabe que primero debe *"estar bien"* para que pueda "*actuar bien*".

Si ha estado luchando porque se siente demasiado indigno de "la justicia de Dios" (2 Corintios 5:21), acepte que ese "vestido" que ha recibido es como un uniforme que tiene autoridad.

¿Ha visto usted cómo se detiene rechinando un enorme camión de 18 ruedas cuando un oficial de tránsito levanta su mano y hace la señal de "alto"? ¿Qué le da derecho a él a exigir obediencia? Ciertamente no es su familia, posición social, educación, afiliación religiosa o personalidad. El gendarme se para frente a ese gigantesco "rey del camino" porque tiene el *uniforme correcto* . . . un uniforme que posee incuestionable autoridad.

¿Sabía que al momento de su conversión se le entregó el "uniforme" de la justicia? El Señor no sólo cubrió su pasado, sino que le da autoridad sobre el futuro. Con la "coraza de la justicia" (Efesios 6:14), Dios le da poder sobre el pecado. Cuando tiene la "justicia" como vestido, no sólo es aceptable ante los ojos de Dios, también tiene su autoridad.

Como hijo suyo, tiene el poder que le confiere la credencial de su autoridad.

Repita estos versículos en sus propias palabras:

2 Corintios 5:21

Gálatas 3:27

Padre, a través de tus ojos veo que yo

Soy valioso porque . . .estoy revestido con la justicia de Dios.

Estoy Bajo la Protección Divina

"Solo tú, Jehová, me haces vivir confiado".
(Salmos 4:8)

Tammy, la joven artista del trapecio electrizó a la audiencia con su atrevida actuación. Después, un reportero le preguntó: "¿Cómo puedes verte tan calmada cuando realizas un acto aéreo tan arriesgado?" Ella sonrió y respondió: "Es fácil. ¿Ves la red de seguridad? A su lado hay un hombre listo para detener mi caída. Es mi padre".

No hay nada que le permita caminar por la cuerda floja de la vida y realizar actos atrevidos fuera de la zona de protección, como saber que su Padre celestial cuida de usted. *Él sostiene la red.* En Deuteronomio 33:27 nos promete: "El eterno Dios es tu refugio, y acá abajo los brazos eternos", siempre listos para evitar tu caída.

Como hijo de Dios usted enfrenta retos descomunales . . . momentos difíciles en que Dios le pide actuar por fe aunque esté bajo presión. Durante ellos, puede escapar del trauma y la violencia recordando que *él sostiene la red.* Cuando su vida se sale de control, se desequilibra su razonamiento, o siente que está cayendo, su Padre detiene su caída . . . *él sostiene la red.*

Cuando Simón Pedro vio a Jesús andando sobre el agua, quiso salir del barco y hacer lo mismo. En un arrebato de fe, pidió al Señor que le permitiera caminar hasta él. Haciendo a un lado la precaución, descendió al agua y caminó en ella, ¡se hizo un milagro!

Aun así, al poco tiempo, Pedro experimentó una devastadora caída: negó a su Señor, no una, ni dos, sino tres vcccs. Había sido confiable, pero ahora estaba terminado.

¡Pero no! Pedro no podía ver la irrompible red de seguridad, aceptación y amor. Jesucristo le esperaba con una red llena de perdón. Jesús detuvo su caída.

En lugar de las tres negaciones, Jesús dio a Pedro la oportunidad de declarar su amor tres veces *Pedro, ¿me amas? apacienta mis ovejas . . . pastorea mi rebaño . . . alimenta mis corderos. La amable instrucción del Señor preparó a Pedro para realizar toda una vida de ministerio.*

¿Ha tenido la experiencia de caer en la red? No olvide que el Señor está a su lado para detener su caída, Él vigila su seguridad. *Él sostiene la red.*

Repita estos versículos en sus propias palabras:

Salmos 16:1 ____________________

____

____

____

Romanos 8:31 ____________________

____

____

____

____

Padre, a través de tus ojos veo que yo

____

____

____

Soy valioso porque . . . estoy bajo tu protección divina.

Estoy Seguro en el Amor de Dios

"Jehová se manifestó a mí hace ya mucho tiempo, diciendo: Con amor eterno te he amado"
(Jeremías 31:3).

D*e toda la música terrenal, la que primero llega hasta el cielo es el latido de un corazón amoroso.* —H.W. Beecher

¿Quién no anhela ser amado? ¿Quién no ha buscado seguridad, devoción incondicional, entrega de una persona, y termina con las manos y el corazón vacíos? Dios nos creó con la necesidad íntima de ser amados incondicionalmente. Pero todos sabemos lo que es haber "amado y perdido".

Por eso es que el amor de Dios es tan incomprensible. Como hijo de Dios usted no puede perder su amor. Tampoco puede hacer nada para que Dios lo ame más ni para que lo ame menos. Él lo ama sin que lo merezca y lo hace sin medida.

De 1856 a 1866, mientras tendían el cable trasatlántico del telégrafo, los trabajadores descubrieron que el océano tenía profundidades que no podían calcular. Lanzaron al mar una línea con un peso en su extremo a una profundidad de 2,000 brazas (una braza equivale a 1.67 m.), pero la línea no llegó al lecho marino. A esa profundidad se le llamó "inmensurable". Tampoco podemos medir la profundidad del amor de Dios. "¿Descubrirás tú los secretos de Dios? ¿Llegarás tú a la perfección del Todopoderoso?" (Job 11:7) Así es el amor de Dios por nosotros.

Tal vez la expresión más poética que habla del insondable amor de Dios fue escrita por un hombre que murió en un asilo. Encontraron estas palabras escritas a un lado de su cama:

> *Si fuera tinta todo el mar, y todo el cielo un gran papel,*
> *Cada un hombre un escritor, y cada hoja un papel,*
> *nunca podrían describir el gran amor de Dios*
> *que al hombre pudo redimir de su pecado atroz.*
> *¡Oh amor de Dios! inmensurable, eternal.*
> *Por las edades durará, inagotable raudal.*[11]

¿Cómo saber cuánto nos ama Dios? En parte, analizando el amor de Cristo por nosotros. Su muerte nos redimió; su sacrificio nos salvó; su vida nos liberó. Por amor, él puso su vida por nosotros, para vivir su vida a través de nosotros.

Su amor nunca falla . . . nos perdona, libera y es insondable.

Repita estos versículos en sus propias palabras:

Efesios 3:17-19

Romanos 8:38-39

Padre, a través de tus ojos veo que yo

Soy valioso porque . . . estoy seguro en el amor de Dios.

Quinta Parte

Guía del Líder

Introducción

¿Alguna vez se ha hecho estas preguntas? "*¿Por qué me creó Dios? ¿Cuál es el propósito de mi vida? ¿Tengo algo valioso que puedo dar?*"

Todos hemos batallado con el problema de nuestra imagen personal. Es más, ese conflicto interno nos ha perseguido desde los días de Adán y Eva. Debido a la decisión deliberada de ellos de desobedecer a Dios, perdimos nuestra identidad como seres perfectos creados a la imagen de Dios. En vez de andar en comunión con el Señor, nos identificamos con el pecado. Desde entonces, sus descendientes hemos luchado por obtener la aceptación de los demás, porque a menudo no entendemos el valor que tenemos ante los ojos de Dios.

Es de vital importancia que todos los hijos de Dios entendamos nuestra verdadera identidad—que sepamos quiénes somos en Cristo: "*De modo que si alguno está en Cristo, nueva criatura es; las cosas viejas pasaron; he aquí todas son hechas nuevas*" (2 Corintios 5:17). Los creyentes ¡tenemos una nueva identidad en Cristo!

Viéndonos como Dios nos Ve hará que nuestros pensamientos se centren en nuestra verdadera identidad como se revela en la palabra de Dios. Somos hijos de Dios, escogidos, amados, y aceptados incondicionalmente por él. Ante sus ojos, tenemos un gran valor.

Usted puede ser un líder

"Procura con diligencia presentarte a Dios aprobado, como obrero que no tiene de qué avergonzarse, que usa bien la palabra de verdad".

(2 TIMOTEO 2:15)

Gracias por aceptar ser líder de grupo. Ayudar a otras personas a conocer su verdadera identidad en Cristo será un ministerio muy satisfactorio. Si esta es la primera vez que tiene este encargo, las siguientes recomendaciones le ayudarán a disfrutar de su decisión.

Un líder que se prepara . . .

- Es diligente para leer las tareas, contestar las preguntas y estudiar la Biblia antes de la sesión del grupo. Usted *no* tiene que ser predicador o haberse graduado de la universidad o seminario ni ser experto en teología para dirigir eficazmente un grupo pequeño.
- Es un cristiano compasivo y sincero que se preocupa por la gente y sus necesidades espirituales.
- Se siente a gusto con otras personas y puede inspirarlas. El líder dirige la discusión usando las instrucciones y preguntas que se incluyen en cada lección.
- Es espiritualmente sensible, está dispuesto a escuchar la dirección interna del Espíritu de Dios. Por ejemplo, Dios puede dirigirle a hacer menos preguntas y pasar más tiempo orando.
- Está dispuesto a escuchar. La idea es que usted promueva la discusión en grupo, no que enseñe la lección.

- Es receptivo a distintos puntos de vista y le gusta discutir distintas opiniones.

"Toda la Escritura es inspirada por Dios,
y útil para enseñar,
para redargüir, para corregir, para instruir en justicia,
a fin de que el hombre de Dios sea perfecto,
enteramente preparado para toda buena obra".
(2 Timoteo 3:16-17)

Antes de la primera reunión

- **Ore.** Pida a Dios que traiga al grupo a las personas que él elija.
- **Determine el tamaño del grupo.** *Viéndonos como Dios nos Ve puede usarse en grupos de estudio bíblico en hogares así como en la iglesia u otra clase de grupo. El tamaño óptimo del grupo es de 8 a 12 personas. Cuando supera a los 12, es conveniente dividirlo en dos. La gente tiende a compartir con mayor libertad y a desarrollar un mayor nivel de intimidad genuina en un grupo más pequeño.*
- **Conozca la estructura del estudio.**

— *Viéndonos como Dios nos Ve* es un estudio de cuatro semanas y consta de 31 lecciones.

— Cada lección requiere de unos 15 minutos para contestarla.

— El tiempo recomendado para la discusión en grupo es de una hora.

— *Usted puede programar una sesión introductoria para dar un breve repaso del estudio. (Use las páginas 15 y 16 del libro de texto como ejemplo)*

- **Programe las fechas y tiempos.** Comuníquese con los miembros del grupo con suficiente anticipación para que puedan planificar sus actividades. No se le olvide enviar una tarjeta de recordatorio algunos días antes de la primera reunión. En ella incluya . . .

— las fechas en que inicia y termina el estudio

— el domicilio y teléfono donde se pueden pedir informes
— el tiempo que se requiere para preparar la lección cada semana
— el tiempo que se dedicará cada semana a la discusión en grupo

- **Establezca las expectativas.** Proporcione los siguientes detalles . . .

— fecha en que recibirán sus libros; el costo debe cubrirse al recibirlo
— lo que se debe completar (si así se requiere) antes de la primera semana.
— los artículos que deben traer cada semana

a. Una Biblia
b. esta guía de estudio
c. cuaderno
d. bolígrafo o lápiz

- **Arregle el salón para que se sienten alrededor de una mesa o en círculo**
- **Provea etiquetas con los nombres.** Trate de aprenderse los nombres de cada persona con anticipación para que pueda presentarlas a todas en la primera reunión.
- **Inicie su estudio personal al principio de la semana. Cuanto más pronto inicie su meditación de las Escrituras, más tiempo tendrá el Espíritu Santo para aplicar el mensaje a su propia vida.**

En la Primera Reunión

"Con todo mi corazón te he buscado; no me dejes desviarme de tus mandamientos. En mi corazón he guardado tus dichos, para no pecar contra ti. Bendito tú, oh Jehová; enséñame tus estatutos".

(SALMOS 119:10-12)

- **Sugiera a las personas que estudien diariamente.** Anímelas a que no falten ningún día para que no tengan que apresurar su estudio al final de la semana. Asimismo, insista en que dediquen tiempo para pasarlo con Dios cada día, para que se imprima en su corazón la importancia de cada verdad.
- **Recomienda a los miembros del grupo que busquen en su hogar un lugar especial y determinen un tiempo regular para realizar su estudio.** Si establecen un tiempo y lugar específico, tendrán un refugio para analizar cada pasaje tranquilamente y escribir sus ideas. Anime a los miembros del grupo a que informen a su familia que se han comprometido a apartar ese tiempo de meditación.
- **Infórmeles que en la siguiente reunión se discutirá y contestará todo el contenido del material que se encuentra en la Primera Parte**, "Mi posición en Cristo", que se encuentran en las páginas 17-32.
- **Oren utilizando el pasaje de Salmos 139:23-24.** Apliquen personalmente el pasaje. Pidan a Dios que él responda a sus necesidades específicas.

- **Anime a cada persona a que lleve un diario personal.** En él anotarán las oraciones contestadas y las verdades que vaya descubriendo.

Recomendaciones y técnicas de liderazgo

- **Ore por cada persona del grupo durante la semana y antes de cada reunión.** Acepte su dependencia del Espíritu Santo y confíe en él para que haga penetrar las verdades bíblicas en cada corazón.
- **Empiece y termine a tiempo.** Respete los horarios de los miembros del grupo.
- **Dé la bienvenida a cada persona.** Aprenda a llamarlas por su nombre.
- **Use "rompehielos" para que se conozcan mejor.** Puede empezar cada sesión haciendo preguntas como: "¿Por qué decidiste unirte a este grupo?" "¿Qué beneficios esperas recibir de este estudio?" También puede pedir que todos se presenten y digan algo acerca de su vida y familia.
- **Presente el tema con alguna experiencia o narración.** Cada lección contiene una sugerencia para usarse como introducción.
- **Explique el formato de preguntas y respuestas de cada reunión.** Asegure a cada persona que no debe sentirse obligada a compartir algo que le haga sentirse mal. Procure que el centro del estudio sea la palabra de Dios.
- **Sea un moderador, no un maestro.** Un maestro presenta la información en forma clara y entendible. Pero un moderador dirige a los miembros del grupo a discutir lo que aprendieron durante la semana. Haciendo las preguntas correctas, el moderador ayuda al grupo a descubrir distintas maneras en que se pueden aplicar personalmente las verdades reveladas en la palabra de Dios. Sea *realista y accesible.*
- **Administre el tiempo para que se cubra toda la lección en el tiempo disponible.** Este es uno de los aspectos más

difíciles de dirigir a un grupo. Puede escribir al margen de su manual el tiempo que considera necesario para llegar a la mitad de la discusión. Anote otros tiempos, asignando de 6 a 8 minutos para cada pregunta. (Por supuesto que algunas serán contestadas con más rapidez que otras.) Es probable que la pregunta que no alcance a tratar sea la que alguien necesita estudiar más.

- **Cada sección tiene de 12 a 15 preguntas.** Algunas serán relativas a la interpretación, tales como: "¿Qué dice el versículo?" "¿Á quién se dirige el autor?" "¿Cuándo sucedió esto?" Otras están escritas en un estilo que hará que las personas analicen sus circunstancias, como: "¿Qué piensas de . . .?" "¿Cómo responderías a . . .?" "¿Cómo te sientes acerca de . . .?" "¿Cuándo fue la última vez que tú . . .?"
- **Promueva la participación.** Puede haber muchas respuestas a cada pregunta. Anime a que discutan todas las opiniones que se presenten.
- **Interprete la Biblia en forma literal a menos que obviamente el pasaje sea figurado.** La Biblia siempre quiere decir lo que dice. Aunque siempre existe una sola interpretación correcta de un pasaje, se pueden obtener muchas aplicaciones. No discuta problemas de interpretación o significados dudosos. Otorgue a las personas del grupo la libertad de expresar sus puntos de vista sin miedo a ser criticadas o avergonzadas. Nunca piense que usted tiene "todas" las respuestas.
- **Respete las respuestas del grupo.** Puesto que las cuestiones relacionadas con la aplicación no se pueden considerar malas o buenas, debe respetar y apreciar todo lo que digan los miembros del grupo. Muestre su respeto diciendo: "Agradezco tus ideas acerca de esto . . ." O: "Puedo ver que has estado pensando en este asunto . . ." Si alguien da una opinión controversial, usted puede decir: "Nunca lo había analizado de esta manera". "¿Alguien tiene una opinión diferente?" O también: "¿A alguien le gustaría expresar un punto de vista distinto?"

- **Permita que Dios trabaje en su manera singular con cada individuo.** El Señor puede hacer que sus verdades se adapten a cientos de situaciones diferentes. A veces, la verdad más profunda proviene de una persona que es nueva en la fe.
- **No tema discutir asuntos controversiales.** En ocasiones, durante el tiempo de discusión, alguna persona obtendrá una comprensión más completa de la verdad. Aunque alguien salga de la reunión confuso o desanimado, póngalo en las manos de Dios. El Espíritu Santo es el Espíritu de verdad. Juan 16:13 promete: *"Pero cuando venga el Espíritu de verdad, él os guiará a toda la verdad; porque no hablará por su propia cuenta, sino que hablará todo lo que oyere, y os hará saber las cosas que habrán de venir".*
- **Recuerde que usted no es responsable del crecimiento espiritual de otra persona.** La madurez se lleva a cabo cuando el Espíritu Santo obra en la vida de cada individuo y no ocurre en todos al mismo tiempo. Usted notará que alguna persona del grupo avanza más rápido, mientras que otros permanecen inseguros o hasta confundidos.
- **Trate los asuntos cuestionables en privado.** Si recibe alguna reacción que esté fuera de orden por alguna pregunta relacionada con algunos hechos (por ejemplo, ideas sobre la nueva era, la negación del único Dios verdadero, o la deidad de Cristo) o si alguien habla de un concepto falso o critica algo, usted debe regresar a la persona o grupo al tema que están tratando diciendo algo así: "Me gustaría discutir ese asunto contigo en otro momento". O: "¿Te parece que lo discutamos después?" (Si dice esto, asegúrese de dar seguimiento a su ofrecimiento).
- **Promueva las relaciones.** Su relación con los miembros del grupo es más importante que obtener respuestas correctas o incorrectas.

- **¿Qué hacer con quienes quieren dominar la discusión?** Haga una declaración sin condenar como: "Tus ideas son muy interesantes". "¿Hay alguien más que quiera compartir otra opinión?" Si hay alguien en el grupo que usted conoce más íntimamente, puede pedirle en privado que le permita pedirle su opinión cuando sea necesario.
- **Trate de incluir a todos en la discusión. Algunas personas son tímidas y se niegan a hablar.** Otras pueden estar pasando por problemas que no pueden tratar abiertamente. Sea sensible a sus necesidades inexpresadas y con las que prefieren permanecer calladas.
- **Aprenda que no debe avergonzarse al decir "no sé" si se presenta el caso.** Usted puede decir: "No conozco la respuesta, pero la investigaré para la semana entrante". También puede sugerir otros libros para consulta. (El ministerio de Hope For The Heart ha escrito las ***Claves Bíblicas para Consejería (Consejería Biblica)*** *que tratan muchos asuntos como Identidad, Su valor personal, Propósito en la vida y otros materiales que pueden obtenerse en nuestro sitio de Internet* www.esperanzaparaelcorazon.org.)
- **Tome el último lugar para responder las preguntas.** Sus respuestas a las preguntas de discusión deben considerarse al mismo nivel que las de las demás personas del grupo. Casi siempre es mejor que usted dé su opinión después que los demás hayan compartido sus ideas.
- **No se sienta incómodo si hay períodos de silencio.** Cuando usted haga una pregunta, dé a las personas del grupo tiempo para pensar. Espere varios minutos mientras piensan y deciden responder.
- **Repita la pregunta si no recibe respuesta.** Usted puede decir: "Permítanme decirlo de otra manera". En ocasiones será conveniente olvidar completamente la pregunta y seguir adelante. Puede pedir a alguien que lea un versículo relacionado para animar a que otros participen.

- **Determine la mejor manera de atender las peticiones de oración.** Como su grupo de estudio no es principalmente un grupo de oración, deberá ser creativo para atender las peticiones. A continuación hacemos una lista de sugerencias:

— Pida por las necesidades que se relacionan con la lección. "¿Podemos orar por ti en relación con lo que hemos aprendido?"

— Pida a los miembros del grupo que escriban sus peticiones en una tarjeta y la entreguen a usted para orar por ellas.

— Comparta peticiones por las que el grupo puede orar durante la semana. También dispóngase a compartir sus necesidades personales

— Asegure a los participantes que orará por ellos durante todo el tiempo que dure el estudio.

— Si lo considera apropiado, pregunte si alguien del grupo desea tener un compañero de oración.

— **Anime al grupo a que estudie en forma individual.** Antes de terminar la reunión, anime a los miembros del grupo a perseverar en su estudio individual del material. Recuérdeles cuándo y dónde se llevará a cabo la siguiente reunión. Recuérdeles que aprenderán y se beneficiarán mucho más si estudian en forma individual.

— **Comuníquese con los que no asistieron.** Expréseles su preocupación y asegúreles que los extrañaron. Anímelos a que completen su estudio para la siguiente semana.

Primera Parte

Mi Posición en Cristo

"Alma mía, en Dios solamente reposa,
porque de él es mi esperanza.
Él solamente es mi roca y mi salvación.
Es mi refugio, no resbalaré".
(Salmos 62:5-6)

Hace algunos años, un programa de televisión presentó a una emocionada jovencita corriendo hacia su madre después de saber que había sido adoptada. La madre dijo: "Hijita, no *teníamos* que adoptarte, lo que pasa es que te *amábamos*. Nosotros te escogimos a ti". Y eso es exactamente lo que Dios ha hecho por todos sus hijos. Él nos escogió simplemente porque nos ama. Somos sus hijos y él, nuestro Padre amoroso.

Maggie había sido adoptada. Por esa razón hizo una cuidadosa investigación acerca del tema de la adopción y después escribió un artículo para relatar su experiencia. Explicó que existen tres tipos de lazos de familia: el legal, el emocional y el de sangre. Donde existe el vínculo legal, el hijo no tiene una posición inferior a la de otros hijos. Él o ella tienen el mismo apellido. Cuando existe un lazo emocional y la familia es saludable, hay amor, ayuda y alimento, factores que promueven el sentido de pertenencia. Por supuesto que los hijos adoptivos pueden vivir en una relación familiar disfuncional donde no se sienten amados y apoyados. Más bien, experimentan rechazo porque no se sienten parte de la familia. En el tercer vínculo, el sanguíneo, el hijo o hija llevan los genes familiares. Quizá el hijo se parece al padre o tiene la sonrisa de la madre. Tanto el vínculo legal como el emocional pueden romperse, pero el sanguíneo no. Aunque Maggie nunca buscó a sus padres biológicos, siempre quiso pertenecer a una familia por medio del vínculo de sangre.

Después de estudiar *Viéndonos como Dios nos Ve* y de haber terminado el material del primer día, se dio cuenta de que había sido adoptada en la familia de Dios por *la sangre* de Jesucristo. Ya no necesitaba buscar su vínculo sanguíneo familiar.

Dios me HA ADOPTADO

- Sin importar cuáles sean sus lazos familiares, es un gran consuelo saber que Dios lo adoptó en su familia. ¿Qué diferencias y similitudes hay entre la adopción legal de un hijo y la adopción espiritual que Dios ha realizado en nosotros?

  Similitudes: Un hijo adoptivo no es inferior a ninguno de los otros hijos de la familia. Más bien, lleva el nombre familiar y tiene derecho a recibir su parte de la herencia. Las diferencias son que en una adopción legal, el hijo no tiene la misma naturaleza que el hijo biológico. En la adopción espiritual, Dios imparte una nueva naturaleza a su hijo adoptivo, y éste obtiene la promesa divina de que su Padre nunca lo abandonará.

- Pida que alguien lea Gálatas 4:5-7. ¿Qué beneficios y bendiciones recibió usted cuando Dios lo adoptó en su familia?

  Primero fue redimido de la maldición de la ley y declarado como verdadero hijo y heredero. Asimismo, se le prometió la morada del Espíritu Santo dentro de usted y la libertad de la esclavitud.

Soy hijo de Dios

- **Todos tenemos un profundo "anhelo de pertenencia". Dios mismo puso esa necesidad en nuestro corazón. ¿Por qué cree usted que Dios puso ese deseo en nosotros?**

  La caída en pecado en el huerto de Edén se debió al deseo de nuestros primeros padres de ser autosuficientes. Si se nos dejara a que viviéramos según nuestras propias ideas, nunca entenderíamos que necesitamos una relación amorosa y eterna con nuestro Creador. En su gracia, Dios nos hace conscientes de nuestra necesidad para que nos sintamos atraídos a él y seamos restaurados. Alguien dijo que todos tenemos un vacío dentro del alma con la forma de Dios, un vacío que tratamos de llenar con muchas cosas, pero que en última instancia sólo Dios puede llenar.

- **Según Juan 1:12, ¿cómo llegamos a ser hijos de Dios?**

  La adopción o salvación debe ***recibirse;*** no se puede ***obtener ni conseguir.*** Ningún esfuerzo, reglamento o norma puede producir lo que Dios nos ofrece como un regalo gratuito. NOTA: ¡Es "gratis", pero no es "barato"! Su regalo es el más costoso que se haya ofrecido; le costó a Jesucristo su vida.

Soy valioso para Dios

- **Al enfrentar las dificultades de la vida, es difícil recordar cuán valiosos somos para Dios. Lea Isaías 43:4. ¿Cuáles son las tres palabras que utiliza el profeta para describir lo que Dios siente por su pueblo?**

  "De gran estima"—"honorable"—"yo te amé" ***"Porque a mis ojos fuiste de gran estima, fuiste honorable, y yo te amé . . ." (Isaías 43:4).***

- **Para la mayoría de las personas es difícil encontrar sentido a estas dos verdades: *(1) Soy de gran estima para Dios. (2) Pero enfrento problemas y dolor. A la luz de este dilema, la verdad de Isaías 43:1* es muy poderosa. Pida que alguien comparta** su versión personalizada de este versículo (página 24 del libro de texto).

"Cuando pases por las aguas, yo estaré contigo; y si por los ríos, no te anegarán. Cuando pases por el fuego, no te quemarás, ni la llama arderá en ti". (Isaías 43:2)

- En ocasiones, parece que nuestra vida se sale de control, pero Jeremías 29:11 nos enseña que Dios siempre está realizando su plan para nuestra vida. Usando sus propias palabras, ¿qué es lo que promete este versículo?

Dios nos ama tanto que tiene planes para nuestra vida y sus planes son para beneficiarnos, no para nuestro perjuicio. Él es el Dios del futuro, y es la fuente de toda esperanza.

Dios me LLAMA POR MI NOMBRE

- Lea la siguiente observación de Charles Haddon Spurgeon tomada de la página 26 del libro de texto:

"El que cuenta las estrellas y las llama por su nombre no olvida a sus hijos. Él te conoce tanto como si fueras la única criatura que ha hecho, o el único santo al que ha amado".

- ¿Qué tan importante es conocer a las personas por nombre? ¿Cómo te sientes cuando piensas que Dios te conoce por nombre?

En el Antiguo Testamento, el nombre de una persona revelaba su naturaleza y aspiraciones para el futuro. El nombre no sólo servía para identificar, sino para definir a las personas. El hecho de que Dios conoce nuestro nombre significa que nos conoce en forma íntima, así como nuestras fuerzas y debilidades, cada uno de nuestros pensamientos y emociones, y todos nuestros sueños y aspiraciones.

- Salmos 139:13-16 dice que Dios nos conoce íntimamente. ¿Qué otras verdades expresan esos versículos?

Él conoce cada una de las partes que forman nuestro cuerpo. Él es responsable del proceso por el cual fuimos concebidos. Él nos hizo en forma maravillosa y entiende cada una de las funciones internas de nuestro ser. Él nos vio antes de ser engendrados y planeó nuestro nacimiento aun antes de decir: ***"Sea la luz". (Génesis 1:3)***

He sido ACEPTADO

- **Aunque muchos hemos experimentado sentimientos de rechazo y otros hemos sido rechazados en realidad por alguien que debería amarnos, la palabra de Dios dice que somos total y completamente aceptados por nuestro Padre Celestial (Efesios 1:3-10). ¿Qué dice Salmos 27:10? ¿Qué nos enseña Jeremías 31:3?**

Aunque mis padres o cualquier otra persona importante de mi vida me abandonen, Dios nunca lo hará. Él me ama con un amor eterno y perfecto.

- **¿Hay alguien en el grupo que haya experimentado tanto el rechazo familiar como la aceptación perfecta de Dios?**

Déjese guiar por el Espíritu Santo para no poner a nadie en evidencia. Si nadie responde prontamente, permita un tiempo razonable para que lo piensen. Si siguen sin contestar, puede intentar animarlos con sus experiencias personales.

He sido BAUTIZADO CON CRISTO

- **El hecho de que hemos sido *"bautizados en Cristo"* (Romanos 6:3) tiene muchas implicaciones espirituales. ¿Qué significa el bautismo para usted?**

La palabra ***baptize significa sumergir. De ahí el simbolismo de la inmersión total es el bautismo en agua.*** El bautismo espiritual que experimentamos es obra del Espíritu Santo, que nos coloca "en Cristo" cuando nacemos de nuevo. Así nos identificamos total y permanentemente con el Señor (somos sumergidos en él). El bautismo por inmersión es un símbolo de la muerte, sepultura y resurrección de Jesucristo. Bajar al agua indica que nos identificamos con la muerte y sepultura de Jesús. Salir de ella representa que nos identificamos con la vida resucitada del Señor Jesús.

- **¿Qué diferencia hay entre el bautismo espiritual y el que se realiza en el agua?**

  El bautismo en agua es un símbolo visible o testimonio de la obra espiritual que ha sido realizada por el Espíritu de Dios dentro de nosotros. En muchas iglesias, el bautismo en agua es la única vez que se requiere que el creyente "testifique" de su experiencia de salvación, dando testimonio de ésta por medio de su inmersión física.

- **¿Cómo se relaciona el bautismo en Cristo con nuestra identidad en Cristo?**

  No puede haber "identidad" sin el "bautismo" espiritual. Nota importante: Una persona puede ser salva y tener la seguridad eterna sin haber sido bautizada públicamente. Pero no hay salvación si la persona no recibe la vida de Cristo en su ser. La necesidad de "nacer de nuevo" consiste en recibir una nueva naturaleza de parte de él. Ése es el significado del bautismo espiritual.

Estoy escondido EN CRISTO

- **Así como la familia de Corrie Ten Boom proveyó un refugio para los judíos perseguidos en su época, así Cristo nos ha prometido *"un refugio"* (Salmos 32:7). ¿Cómo se puede describir nuestro refugio espiritual? ¿Tiene usted su refugio en él?**

  Jesús es nuestro lugar seguro. Como dijo el salmista, nuestra ***"torre fuerte"*** (Salmos 61:3). Así como el Señor experimentó la paz en medio de la tormenta mientras iba en una barca en el mar de Galilea, así nos promete su paz y refugio en las tempestades que azotan nuestra vida. No significa que no enfrentaremos tormentas. Más bien, quiere decir que podemos experimentar la paz en medio de ellas. ¡Él es nuestro refugio verdadero!

Conclusión

Colosenses 3:3 dice que *"vuestra vida está escondida con Cristo en Dios"*. Juan 14:20 nos proporciona más luz para entender este concepto: *"En aquel día vosotros conoceréis que yo estoy en mi Padre, y vosotros en mí, y yo en vosotros"*.

Ayuda visual

Una ayuda visual le ayudará a remarcar la verdad de estar "escondidos con Cristo en Dios". Necesita cuatro cajas o cuatro sobres de distintos tamaños que quepan uno dentro de otro. Ponga una etiqueta que diga CRISTO en el más pequeño. El siguiente en tamaño nómbrelo USTED, el siguiente de nuevo llámelo CRISTO y en el más grande ponga una etiqueta que diga DIOS. Cuando usted explique que "Cristo está en usted", ponga la caja o sobre más pequeño dentro del que dice USTED. Después ponga ambos dentro del segundo llamado CRISTO diciendo: "Usted está en Cristo". Por último, ponga las tres cajas o sobres dentro del más grande llamado DIOS y explique que "Cristo está en Dios". Esta sencilla demostración es una manera poderosa de mostrar cuán seguros están los hijos de Dios cuando están escondidos en Cristo.

El significado de que Cristo está en usted es que el Señor mora en las partes más recónditas de su ser. Él siempre trabaja de adentro hacia afuera. Cristo en usted produce en su corazón el fruto del Espíritu Santo: amor, gozo, paz, paciencia, benignidad, bondad, fe, mansedumbre y templanza. (Gálatas 5:22). Además, *usted está en* Cristo, usted es uno con él, y posee todas las bendiciones y beneficios divinos que Cristo disfruta por ser el Hijo de Dios (2 Pedro 1:3-4). Debido a que usted está *en Cristo,* su poder, autoridad, amor y gracia están disponibles para usted.

El hecho de que *Cristo está en Dios* significa que debido a que usted está unido al Hijo, también está *en Dios; tiene una relación con su Padre celestial, que lo acepta y lo ama. No hay otro lugar más seguro donde puede esconderse una persona.*

Después de unos momentos de reflexión, termine con oración y agradezca a Dios por la bendición de haber sido adoptados dentro de su familia por medio de la sangre de Jesucristo.

Mencione el tema para la siguiente semana: "El plan de Dios para mí". Anime al grupo a perseverar en su meditación diaria y estudio de la Biblia.

Segunda Parte

El Plan de Dios para Mí

"Venid luego, dice Jehová, y estemos a cuenta: si vuestros pecados fueren como la grana, como la nieve serán emblanquecidos; si fueren rojos como el carmesí, vendrán a ser como blanca lana".

(Isaías 1:18)

En los años setenta, todos los medios de comunicación—la revista *Time*, la radio y la televisión—hablaban de "nacer de nuevo". El término se hizo bastante controvertido y se entendió mal. En la actualidad sucede lo mismo. Algunas personas sienten desprecio cuando escuchan esa frase. Parte del problema es que no han entendido la relación que hay entre experimentar una vida transformada y nacer de nuevo. La Biblia dice: *"os es necesario nacer de nuevo"* (Juan 3:7). Una persona no puede decir: "Soy cristiana, pero no soy de las que se dicen *nacidas de nuevo*". Jesús dijo que a menos que alguien nazca de nuevo no puede ver el reino de Dios. Para poder entrar al cielo, no es una opción nacer de nuevo, es un requisito.

Todos sabemos cómo es el nacimiento físico. Existen documentos y fotografías de cómo se realiza y hemos escuchado muchas historias acerca de él. Pero lo que Jesús quiso decir es que existe un nacimiento espiritual.

Una persona puede estar viva físicamente pero muerta espiritualmente. Los que quieren estar vivos espiritualmente deben nacer de nuevo.

Otra frase que confunde a muchas personas es la que dice: "necesitas ser salvo". Pero, ¿salvo de qué? ¿Qué significa ser salvo?

Los versículos que estudiaremos en esta sección "El plan de Dios para mí" responden y aclaran estas cuestiones.

He sido ESCOGIDO

- Cuando formamos parte de la familia de Dios, a veces decimos: "Yo acepté a Cristo", o: "Pedí a Cristo que entrara a mi corazón". Sin embargo, las Escrituras enseñan que mucho antes de que tomáramos la decisión de seguir a Cristo, Dios nos escogió. (Lea Juan 15:16 y Efesios 1:4). Él nos escogió, no por nuestras buenas cualidades o fortalezas, sino simplemente porque nos ama. Él nos quiere. Piense en esa verdad por un momento. ¿Qué le hace sentir? ¿Cómo puede esta verdad impactar su vida cotidiana?

El saber que el Creador de todo lo que existe nos escogió y nos ama, impulsa grandemente nuestra imagen personal y autoestima. Si otros nos rechazan o maltratan, podemos aferrarnos a la seguridad de que el perfecto Padre celestial sigue considerándonos de gran valor y tiene un plan para nuestro éxito y plenitud en el futuro. Sabiendo esto nos da confianza, sentido de propósito y dirección, y la seguridad de que somos participantes de algo mucho más grande que nosotros. También nos da confianza para amar a los demás con amor incondicional; incondicional porque nuestro amor por ellos está motivado por el amor que Dios ya nos ha dado; no está motivado por lo que ***hacen*** o ***no hacen*** por nosotros.

He nacido DE NUEVO

- **Cuando Dios creó a Adán y Eva, los hizo *"a su propia imagen"* (Génesis 2:17), y ellos disfrutaban de unidad con Él de corazón y mente. Pero cuando cayeron en pecado, ¿cómo los afectó espiritualmente? ¿Qué consecuencias tuvo en todos los que hemos nacido después de ellos?**

  Su pecado consistió en que buscaban la autosuficiencia: comieron del fruto del árbol del conocimiento del bien y del mal para no depender de Dios en su búsqueda de conocimiento. Dios les permitió que buscaran su autosuficiencia, pero al hacerlo, ellos perdieron su intimidad con él. Desde entonces, todas las personas hemos luchado con el deseo de controlar nuestra vida. Sólo cuando llegamos al punto de reconocer la futilidad de ese esfuerzo es cuando buscamos a Dios—y en él encontramos lo que siempre hemos buscado: propósito, plenitud, seguridad y amor eterno.

- **¿Cuál es el único remedio que necesitan todas las personas que están muertas espiritualmente?**

  La nueva vida a través del nuevo nacimiento. "Nacer de nuevo" se puede traducir de una mejor manera diciendo "nacer de arriba". Al sometemos al señorío de Cristo en nuestras vidas, recibimos el poder de su vida en la nuestra, y ¡empezamos a vivir para siempre!

- **Explique en sus propias palabras los que significa para usted "nacer de nuevo".**

  Todas las personas del mundo han nacido físicamente. Sin embargo, todos llevamos en nosotras la "estructura genética" de nuestro antepasado Adán. Debido a su pecado, todos los seres humanos murieron espiritualmente. Pero a través de la muerte sacrificial y resurrección de Cristo, todos podemos vivir—nacer de nuevo—al recibir el regalo gratis de la salvación por gracia.

- **Pida a alguien que lea su versión personalizada de 2 Corintios 5:17 (página 38 del libro de texto).**

"De modo que si alguno está en Cristo, nueva criatura es; las cosas viejas pasaron; he aquí todas son hechas nuevas". (2 Corintios 5:17)

- Lea 1 Pedro 1:3 y responda:
  ¿QUIÉN dio?
  Nuestro Dios y Padre celestial
  ¿QUIÉN recibió?
  Nosotros.
  ¿QUÉ nos dio?
  Renacimiento—salvación—y una esperanza viva
  ¿POR QUÉ lo hizo?
  Según su gran misericordia—que resulta de su amor por nosotros
  ¿CÓMO la dio?
  Por la muerte y resurrección milagrosa de Jesucristo
- I Pedro 1:23 compara nuestro nacimiento espiritual con la germinación de una semilla o simiente. ¿Cuál es la "simiente incorruptible" que se usa en esta analogía? ¿Qué importancia tiene la palabra de Dios en el proceso de nacer de nuevo?
  Pedro compara la "simiente"—o esperma—del nacimiento humano con la "simiente" de la palabra de Dios. Es importante observar en este pasaje que la "palabra de Dios" hace referencia a Jesucristo—quien es *"la palabra"* que reveló al Padre y da poder al creyente. Lea Juan 1:1-14. Es importante observar que la palabra de Dios también se refiere a su legado escrito, la Biblia. El mensaje de ***LA PALABRA*** tiene poder para comunicar la vida y la verdad que se requieren para que alguien sea llevado al punto de la convicción que lleva al arrepentimiento y al nuevo nacimiento. (Vea 2 Timoteo 3:16.)

Soy salvo

- No sólo hemos sido "escogidos" por Dios y "nacido de nuevo" en su familia, sino que también somos "salvos". ¿Qué significa la palabra *salvo*? ¿De qué somos salvos? (Describa todo lo que abarca nuestra salvación—las implicaciones pasadas, presentes y futuras.)

Ser salvo significa "rescatado". En el sentido bíblico, "salvo" significa ser redimido. La muerte sacrificial y resurrección milagrosa de Jesucristo hicieron posible que "fuéramos comprados de nuevo" en el mercado de esclavos del pecado para que no tuviéramos que pagar el precio del pecado, pero también para permitirnos participar en la obra del reino de Dios. Así que somos "salvos de" la paga del pecado y " salvos para" llevar una vida productiva en su reino. NOTA: no es que tengamos que añadir algo a lo que Jesucristo hizo, sino que él nos da el privilegio de participar en lo que él hace.

- ¿Qué enseña Hebreos 7:25 acerca de la salvación?

Dice que es un "hecho consumado", una realidad verdadera para quienes reciben el regalo de la salvación. Y es un regalo garantizado por el hecho de que Jesús continúa intercediendo perpetuamente por nosotros.

He sido JUSTIFICADO

- Defina lo que significa justificación. ¿Qué diferencia hay entre ser perdonado y ser justificado?

Ser perdonado significa que la penalidad de nuestros pecados ha sido pagada. Ese fue el propósito de que Jesús derramara su sangre. Sin embargo, el perdón deja aún vigente nuestra culpabilidad. No así la justificación, que es la declaración de que somos "inocentes". Por la sangre de Cristo no sólo fueron perdonados nuestros pecados, sino que además, quedamos limpios de toda injusticia. (Vea 1 Juan 1:9.)

- Lea Romanos 5:1-2. ¿Cuáles son algunos resultados de haber sido justificados?

Tenemos paz para con Dios—y la consiguiente paz con nosotros mismos. Nuestra posición está segura y confirmada. Tenemos una esperanza segura. (Nota: la esperanza bíblica no se refiere al pensamiento positivo que busca lo mejor—es la garantía de algo que todavía no sucede.) Además, en los versículos 3-5, empezamos a entender algunas de las dificultades que enfrentamos en la vida, ya que obtenemos la perspectiva divina en cuanto a ellas.

- Gálatas 2:16 enseña que somos justificados *por fe,* no por *obras.*

Lea también Efesios 2:8-9. Este pasaje elimina cualquier posibilidad de vanagloriarnos pensando que logramos la fe por nuestro esfuerzo. Pablo aclara definitivamente que hasta nuestra fe es un regalo de la gracia de Dios.

He sido REDIMIDO

- ¿Qué significa la palabra *redimido*? ¿Cómo se aplica esa definición a nuestra vida espiritual?

Ser redimido significa ser comprado. Hemos sido comprados de la esclavitud del pecado y hechos justos delante de Dios—pasamos de servidumbre a formar parte de la familia del Señor. Observe que para esa compra no podríamos "ahorrar para obtenerla" por medio de nuestras buenas obras y redimirnos a nosotros mismos. Tuvo que ser realizada por la muerte y obra perfecta de un Salvador sobrenatural.

He sido PERDONADO

- Lea 1 Juan 1:9. ¿Qué enseña este versículo acerca del amor y gracia de Dios?

Dios nos ama tanto que cuando estamos de acuerdo con él acerca del pecado que hay en nuestra vida, él no sólo lanza ese pecado lejos de él, que es un ejemplo de lo que significa el perdón; sino que también "borra y deja limpia la pizarra donde estaban anotadas nuestras transgresiones" lavándonos de toda injusticia y borrando de su memoria nuestras faltas.

He sido LAVADO

- **Vuelva a leer 1 Juan 1:9. Dios promete perdonarnos cuando nos arrepentimos delante de él. ¿Qué otras cosas también promete en ese versículo?**

Tan grande como es su promesa de perdonarnos, igualmente grande es la promesa de limpiarnos de toda nuestra maldad. Tanto en el Antiguo como en el Nuevo Testamento, el concepto de la limpieza o lavamiento ritual era un requisito necesario para llegar ante la presencia de Dios. El Señor no puede morar en presencia del pecado, así que éste debe resolverse. Dios no sólo "aleja" el pecado de su presencia y de nosotros, sino que hace que quedemos ritual y realmente puros para que podamos estar en el "templo" de su presencia, habiendo eliminado toda nuestra impureza.

He sido RECONCILIADO

- **Siempre que rompemos una relación (en especial si la otra persona es un amigo íntimo o familiar), nuestro corazón anhela la reconciliación. La palabra griega que se traduce como "reconciliar" es "cambiar completamente, sustituir una condición por otra". Según Romanos 5:10, ¿por qué necesitamos reconciliarnos con Dios? ¿Cómo sucede este proceso de reconciliación en nuestra vida espiritual?**

La condición de incredulidad significa ser enemigo de Dios. El pecado que busca la autosuficiencia denota que somos rebeldes ante Dios y por lo tanto, enemigos de la obra de su reino. Para ser reconciliados, esa condición debe cambiar radicalmente. Ese cambio fue realizado por la muerte de Jesucristo en sacrificio por nuestros pecados—un sacrificio que éramos incapaces de hacer por nosotros mismos.

Conclusión

Termine la discusión mencionando cada una de las declaraciones de "soy" o "he sido" mencionadas en los últimos ocho días. Puede escribirlas en un pizarrón a medida que se mencionan.

- He sido escogido.
- He nacido de nuevo.
- Soy salvo.
- He sido justificado.
- He sido redimido.
- He sido perdonado.
- He sido lavado.
- He sido reconciliado.

¿Cuál de estas verdades tiene mayor significado para usted? ¿Por qué considera que esa declaración tiene un significado más importante en lo personal? ¿Cómo puede aplicar estas verdades la próxima semana? Dé algunos ejemplos. (Dios me escogió sabiendo anticipadamente todo lo que yo haría. Así que cuando me equivoco, puedo apropiarme de sus promesas que dicen que "he sido perdonado y lavado". Siga adelante, no se paralice por sus errores.) [Recuerde que no hay respuestas equivocadas a esta clase de preguntas. Aunque alguien responda en forma totalmente errónea, usted puede decir: "Esa perspectiva es muy interesante. ¿Alguien quiere añadir algo?"] Después de algunos minutos de discusión, termine con oración, agradeciendo a Dios "su plan".

Mencione el tema de la próxima semana: "Lo que tengo en Cristo". Anime al grupo a hacer su tarea diariamente y a que asista a la siguiente reunión. Recuerde orar por cada uno de los participantes durante la semana.

Llame a quienes faltaron y anímelos a continuar. A veces, una persona deja de asistir a una reunión y piensa que ya se quedó muy atrás de las demás y que será muy difícil ponerse al corriente. Explíquele que cada lección es independiente y que pueden completar el material posteriormente.

Tercera Parte

Lo que tengo en Cristo

"Él da esfuerzo al cansado, y multiplica las fuerzas al que no tiene ningunas. Los muchachos se fatigan y se cansan, los jóvenes flaquean y caen; pero los que esperan a Jehová tendrán nuevas fuerzas; levantarán alas como las águilas; correrán, y no se cansarán; caminarán, y no se fatigarán".

(Isaías 40:29-31)

En nuestro país existe una popular asociación llamada: "El club de 'no puedo'". Aunque literalmente no existe, tiene muchísimos miembros. Son las personas que dicen: "Bueno, no puedo perdonarlo" O: "No puedo amarla". O: "No puedo evitar odiarlo. No puedo, no puedo, no puedo". Pero Dios dice que amemos a nuestros enemigos. Él envió al Espíritu Santo para capacitar a los miembros del "club de 'no puedo'" para que puedan decir: "Sí puedo . . . con la fuerza y la ayuda de Dios".

Cuando Jesucristo dijo que enviaría al Consolador, se refería al Espíritu Santo. Jesús no sólo nos dejó la Biblia. Él no dijo: "Aquí está la Biblia. Espero que puedan vivir correctamente". También nos dio el Espíritu Santo de Dios, que mora en cada creyente para fortalecerlo, animarlo y guiarlo todos los días. Es una convicción maravillosa saber que la presencia divina reside en cada uno de nosotros los creyentes:

"y la esperanza no avergüenza; porque el amor de Dios ha sido derramado en nuestros corazones por el Espíritu Santo que nos fue dado". (Romanos 5:5)

No estamos diciendo que debemos ver la vida a través de unos anteojos color rosa. Más bien, debemos creer que nada pasará en la vida que Dios y nosotros no podamos resolver juntos. Cualquier cosa que Dios pide de usted o de mí, él nos da la gracia y fortaleza necesarias para enfrentar el problema. El hecho de cultivar esta convicción no es lo mismo que el pensamiento positivo que busca el bienestar personal; es un pensamiento netamente bíblico. Es unirnos al plan de Dios para nuestra vida. ¡Somos más que vencedores en Cristo Jesús! Si Dios permite que vengan circunstancias difíciles a nuestra vida—que a veces consideramos imposibles—entonces podemos confiar en él para que nos fortalezca. ¡Dios se especializa en imposibles!

Tengo un NUEVO CORAZÓN

- Jeremías 17:9 describe el corazón humano diciendo: *"Engañoso es el corazón más que todas las cosas, y perverso; ¿quién lo conocerá?"* Y no sólo eso, sino que "no tiene remedio". Desde que nacemos, nuestro corazón *anhela la autosatisfacción. A la luz de esa deplorable condición, Ezequiel 36*:26 nos ofrece alguna esperanza. ¿Cuál es la promesa de ese versículo?

  Cuando recibimos a Cristo como nuestro Señor, Él nos hace completamente diferentes de adentro hacia afuera. Ezequiel 18:31 señala cómo se realiza el proceso de renovación diciendo que nos da "un nuevo corazón" y un "nuevo espíritu".

- Cuando Dios cambia el corazón de una persona, hay sanidad, libertad y esperanza para el futuro. El apóstol Pablo escribió a su joven discípulo Timoteo e hizo una lista de algunas características del nuevo corazón. ¿Cuáles son según 1 Timoteo 1:5 y 2 Timoteo 2:22?

  Amor, fidelidad, confiabilidad, moralidad, buenas obras, amabilidad, sobriedad, dominio propio, sabiduría, disciplina personal, fe no fingida, pureza, perseverancia, poder, buena conciencia, justicia, paz.

Tengo su Santo Espíritu

- **Dios diseñó el espíritu humano para ser lleno y controlado por el Espíritu Santo. ¿Cuáles son algunas de sus actividades en nuestra vida? (Lea Efesios 1:13; Juan 16:13; Lucas 12:12; Juan 14:26; Romanos 5:5; Romanos 14:7; 1 Corintios 6:19; 2 Pedro 1:21.)**

Consejero, Consolador, nos convence de pecado, nos otorga poder, nos enseña, interpreta las Escrituras, es nuestro intercesor, nuestro guía, el que revela a Jesús, el dador de los dones espirituales.

Tengo la mente de Cristo

- **1 Corintios 2:16 dice que *"nosotros tenemos la mente de Cristo"*. Dé algunos ejemplos de la realidad de esto en su vida.**

Pida testimonios personales que hablen de un momento en que alguien ha recibido la seguridad de que va en la dirección o curso de acción correctos, y cómo esa seguridad fue confirmada por el resultado positivo de sus acciones y palabras.

- **Pida que alguien lea su versión personalizada de Romanos 12:1-2 (página 58 del libro de texto).**

"Así que, hermanos, os ruego por las misericordias de Dios, que presentéis vuestros cuerpos en sacrificio vivo, santo, agradable a Dios, que es vuestro culto racional. No os conforméis a este siglo, sino transformaos por medio de la renovación de vuestro entendimiento, para que comprobéis cuál sea la buena voluntad de Dios, agradable y perfecta". (Romanos 12:1-2)

- **¿Cómo puede renovarse la mente de una persona? ¿Qué resultado habrá?**

Así como una computadora se reprograma, pueden programarse nuevos procesos y patrones de conducta en su mente. Pablo nos dice que llevemos "cautivo todo pensamiento a la obediencia a Cristo" (2 Corintios 10:5). Esa declaración implica que siempre existe una decisión de la voluntad y que podemos hacer que nuestra voluntad cambie la forma en que pensamos. El resultado es que tenemos acciones y pensamientos piadosos dirigidos por Dios. Cada vez que un pensamiento viene a nuestra mente que evidentemente es contra la voluntad de Dios y contrario a su palabra, debemos reemplazarlo con la verdad bíblica.

Tengo el PODER DE DIOS

- **Dios "*da esfuerzo al cansado, y multiplica las fuerzas al que no tiene ningunas*" (Isaías 40:29). Según los versículos anteriores, ¿cuál es la fuente de nuestra fortaleza? ¿Cuánta fuerza recibimos? ¿Es esta una fuerza externa o interna?**

  Dios es la fuente de todo lo bueno de nuestra vida. La suya es una fortaleza suficiente para cada necesidad y circunstancia. Es una fuerza interna que proviene de una fuente externa—de tal modo que no podemos vanagloriarnos ni enorgullecernos de ella.

Dios me HA DADO SU MISERICORDIA

- **Jesucristo mostró misericordia con una mujer pecadora que fue sorprendida en adulterio. Una definición de misericordia es "compasión activa". ¿Bajo qué circunstancias nos extiende Dios esa misericordia?**

  Su misericordia sólo está limitada por la disposición de una persona en arrepentirse y recibirla. Vea Lamentaciones 3:22-25 para ampliar este concepto.

- **¿Puede recordar alguna situación en su vida en que usted esperaba justicia pero Dios manifestó su misericordia? ¿Quiere alguien compartir esa experiencia con el grupo?**

  Controle lo que cada persona comparte, de tal forma que no monopolice todo el tiempo. Si alguien toma demasiado tiempo, puede interrumpir diciendo: "Queremos dar a otros la oportunidad de compartir. ¿Podrías resumir tu experiencia en una o dos frases más?"

- **Lean Hebreos 4:16: "*Acerquémonos, pues, confiadamente al trono de la gracia, para alcanzar misericordia y hallar gracia*** *para el oportuno socorro"*. A través de su vida, Dios le ha dado tanto su misericordia como su gracia. ¿Qué diferencia hay entre esos dos conceptos?

Misericordia es ***no*** recibir lo que merecemos. Gracia es obtener lo que no merecemos. Merecemos el juicio, que resulta en muerte espiritual. Pero en lugar de ello, recibimos vida eterna con todos sus beneficios.

Dios me HA DADO SU GRACIA

- Debido a la gracia de Dios, estamos libres de vivir en derrota. ¿Qué dijo Pablo acerca de la gracia de Dios en 2 Corintios 12:9 y 2 Corintios 9:8?

  Su gracia es suficiente para cada circunstancia. Con ella podemos lograr todo lo que Dios quiere que hagamos. También nos da su gracia en abundancia de tal modo que nunca nos falta una cantidad adecuada de su gracia ***"Todo lo puedo en Cristo que me fortalece" (Filipenses 4:13).***

- ¿Alguna vez ha experimentado el fracaso y aun así ha recibido una medida extra de la gracia de Dios? ¿Quiere alguien compartir una experiencia parecida con el grupo?

  Siga alerta para que nadie monopolice la conversación. Sería conveniente arreglar de antemano quién va a dar su testimonio. Si conoce a las personas de su grupo podrá saber cuáles son las experiencias que han tenido. Esto no quiere decir que debe impedir que otros den su testimonio, pero sí proporcionará un cierto orden, en especial si una sola persona tiende a ocupar todo el tiempo del grupo.

Tengo completo ACCESO A DIOS

- Debido a nuestra relación con Cristo, tenemos un completo acceso a Dios y podemos acercarnos a él *"con seguridad y confianza"* (Efesios 3:12). Pida que alguien comparta su versión personalizada de Hebreos 4:16 (página 66 del libro de texto).

"Acerquémonos, pues, confiadamente al trono de la gracia, para alcanzar misericordia y hallar gracia para el oportuno socorro". (Hebreos 4:16)

Tengo todo PARA VIVIR EN SANTIDAD

- Nuestro Padre celestial ha abierto una cuenta de banco a nuestro nombre donde ha depositado mucho más allá de lo que podemos gastar. ¿Cuáles son algunos de los recursos que ha puesto a nuestra disposición?

  Santidad, justicia, poder, autodisciplina, auto estima equilibrada, dones espirituales, la capacidad de dar a otros su amor, discernimiento, sabiduría, y conciencia de su presencia.

Conclusión

Estimule la discusión final preguntando: "En tu experiencia personal, ¿hubo algún momento en que estuviste en bancarrota espiritual, y Dios proveyó para todas tus necesidades?" Prepárese para animarlos a hablar dando una de sus propias experiencias.

Termine con una oración específica, recordando al grupo las siete bendiciones que tenemos en Cristo. Repase una por una en forma pausada para dejar que alguien exprese su gratitud a Dios—por darles un nuevo corazón, la mente de Cristo, su provisión y fortaleza, su misericordia, su gracia, el acceso a él y su provisión de vida y santidad.

Recuerde al grupo la fecha, tiempo y lugar de la siguiente reunión. Insista en lo valioso que es escribir un diario. Anímelos a terminar el curso y a que llenen la sección final "El propósito de Dios para mi vida".

Cuarta Parte

El Propósito de Dios para Mi Vida

"Bendito el Dios y Padre de nuestro Señor Jesucristo, que según su grande misericordia nos hizo renacer para una esperanza viva, por la resurrección de Jesucristo de los muertos".

(1 Pedro 1:3)

Con frecuencia, un padre dice a su hijo que se encuentra lejos del hogar: "Recuerda, eres mi representante. De hecho, mi nombre va contigo". Así sucede con los cristianos. Representamos a Dios. Es más, somos sus embajadores. Segunda de Corintios 5:20 dice: "Así que, somos embajadores en nombre de Cristo, como si Dios rogase por medio de nosotros; os rogamos en nombre de Cristo: Reconciliaos con Dios".

Cuando una persona se convierte en embajador de un país, representa al presidente. Debe ser muy cuidadoso con lo que dice, porque representa a ese país, y está bajo las órdenes directas del mandatario. El parecido con nosotros es este: Somos embajadores de Cristo. Según la Biblia, representamos a una autoridad superior a la nuestra. Representamos al Señor Jesucristo que vive dentro de nosotros. El mundo juzgará a Cristo y al cristianismo por la forma en que hablamos, lo que decimos y cómo tratamos a los demás.

Un embajador debe aprender las reglas del protocolo—qué decir, cómo decirlo y qué no decir. También existe cierta ropa que se espera que use, así como lo que no debe ponerse.

La vestimenta debe ser apropiada para cada ocasión y apegarse a determinado estilo. Los embajadores deben vestirse con dignidad. Aunque el puesto de embajador de un país es importante, lo es más el papel del cristiano, porque representamos a nuestro Señor Jesucristo.

Fui creado PARA BUENAS OBRAS

- Antes de convertirnos en hijos de Dios, él ya había planeado y preparado una obra significativa e importante para nosotros. Su plan para nuestra vida ya estaba en su mente antes de que naciéramos. De hecho, aunque nos sintamos débiles o incompetentes, somos completamente capaces de realizar una poderosa obra para él—una obra de amor. No importa cuán insignificante parezca el trabajo que hacemos, nunca es pequeño a los ojos de Dios. Puesto que nuestro trabajo es valioso para él, ¿cuál debe ser nuestra actitud?

  Podemos trabajar en Su obra con la confianza de que es de Él, y que nos capacita adecuadamente para realizarla; que dará frutos temporales y un galardón eterno y que Él está satisfecho con nosotros porque somos sus hijos amados—no porque estamos haciendo su obra, sino simplemente porque somos suyos. Por tanto, podemos realizarla por gratitud y no por obligación.

Soy embajador DE CRISTO

- Efesios 4:1 dice: *"que andéis como es digno de la vocación con que fuisteis llamados"*. Somos llamados a ser embajadores de Cristo. ¿Qué es un embajador? ¿Qué hace?

  Un embajador es un representante. Representa a la persona que lo ha enviado. Nosotros somos enviados a decir y demostrar al mundo quién es Dios, y debemos mostrar en qué consiste su naturaleza. A menudo se dice que tal vez seamos la única "Biblia" que una persona pueda leer. Esta es una responsabilidad asombrosa, pero también una oportunidad bendita.

- Lea Efesios 6:19-20. Aunque Pablo estaba preso, seguía siendo embajador de Cristo. ¿Qué pidió a los cristianos de Éfeso que hicieran por él? ¿Qué dijo el apóstol acerca de su llamamiento en la vida?

  Les pidió que oraran—que intercedieran por él—para que pudiera hablar la verdad de la Palabra de Dios con denuedo y adecuadamente. Los cristianos efesios tenían el mismo llamamiento que Pablo: compartir el evangelio a otros e interceder en favor de aquellos que tenían el mismo llamamiento.

- ¿Qué es lo que dice Mateo 5:14-16 acerca del llamamiento a los cristianos de hoy?

  "Vosotros sois la luz del mundo; una ciudad asentada sobre un monte no se puede esconder. Ni se enciende una luz y se pone debajo de un almud, sino sobre el candelero, y alumbra a todos los que están en casa. Así alumbre vuestra luz delante de los hombres, para que vean vuestras buenas obras, y glorifiquen a vuestro Padre que está en los cielos". El llamamiento de Dios no ha cambiado. Debemos hablar la verdad e interceder por los demás que también predican la verdad divina.

He sido conformado a la imagen de Cristo

- Además de la obra que Dios ha planeado que hagamos, su propósito para nuestra vida incluye desarrollar nuestro carácter cristiano. Él dice que hemos sido predestinados para ser "*hechos conformes a la imagen de su Hijo*" (Romanos 8:29). En sus propias palabras, diga lo que significan esas palabras.

  En ocasiones, las personas utilizan la cirugía plástica moderna para parecerse a algún personaje famoso. Pero lo más que se puede lograr es un parecido externo. Internamente siguen siendo iguales. Sin embargo, Dios hace una cirugía radical en cada creyente de tal forma que el parecido con Cristo se ve no sólo en sus acciones externas, sino también en su carácter. Este es un proceso paulatino, no un acontecimiento único—es un proceso que se da cuando nos sometemos a la obra del Espíritu Santo y puede así moldearnos a la imagen de Jesucristo.

- Pida que alguien lea su versión personalizada de Hebreos 12:1 (página 76 del libro de texto). ¿Qué cosas se requieren de nosotros para que seamos conformados a la imagen del Señor?

  "Por tanto, nosotras tambien, teniendo en derredor nuestro tan grande nube de testigos, despojémonos de todo peso y del pecado que nos asedia, y corramos con paciencia la carrera que tenemos por delante" (Hebreos 12:1)

  Para ser conformados a su imagen, debemos permitirle que transforme nuestros deseos egoístas y los convierta en amor ***agape*** sin egoísmo, que nos haga anhelar su voluntad en todas nuestras decisiones, desear que todas nuestras acciones le agraden a él, permitir que él determine las prioridades y directrices de nuestra vida y pedirle que desarrolle en nosotros su perspectiva del reino.

- Según Romanos 12:2 ¿qué otra cosa se requiere? Discuta algunas formas prácticas en que podemos renovar nuestra mente y entendimiento.

  Renovar la mente significa cambiar nuestra forma de pensar, reemplazar los pensamientos mundanos con los que van de acuerdo con Dios y sus caminos. Cada vez que venga a su mente un pensamiento que desagrada a Dios, decida—como un acto de su voluntad, no de sus emociones—reemplazar ese pensamiento con uno que agrade a su Padre celestial. Por ejemplo, si su vecino hace algo desconsiderado y lo hace enojar, decida verlo como hijo de Dios, amado por él, aunque sea imperfecto.

Estoy completo EN CRISTO

- El corazón humano anhela conectarse con una persona significativa, alguien que lo haga sentirse completo. La Biblia nos enseña que ya estamos "completos en Cristo" (Colosenses 2:10). A la luz de la soledad que todos experimentamos de vez en cuando, ¿qué promete Jesucristo?
- Su presencia, su poder, su seguridad de que le pertenecemos - eterna y seguramente, su protección, su amor y afecto, y su aprobación.

Soy santo

- ¿Cuál es la definición correcta de santidad?

Significa ser totalmente diferente. Dios no es una versión "mejorada" de lo que somos. Él es completamente distinto, es santo. Él nos ha llamado y capacitado para que también seamos santos, diferentes a lo que éramos y distintos al mundo; hemos sido apartados para cumplir sus propósitos: ***"sino, como aquel que os llamó es santo, sed también vosotros santos en toda vuestra manera de vivir; porque escrito está: Sed santos, porque yo soy santo" (1 Pedro 1:15-16).***

- Hemos sido "apartados" para llevar vidas santas. ¿Cómo es esto posible?

Sólo por el poder sobrenatural del Espíritu Santo que mora en cada creyente y lo llena.

Estoy revestido con la justicia de Dios

- La Biblia enseña que estamos revestidos de la justicia de Dios (Job 29:14). Para poder entender este concepto, debemos diferenciar los dos significados básicos de la palabra *justicia*. ¿Cuáles son? Después de considerarlos, ¿que cree usted que significa "estar revestidas con la justicia de Cristo"?

La justicia es tanto una cualidad del ser como una definición del comportamiento. Se nos dice ***"para que nosotros fuésemos hechos justicia de Dios en él"*** (2 Corintios 5:21). Debido a que Jesucristo hace justa nuestra naturaleza, somos capacitados para hacer obras de justicia. Estar "revestidos de esa justicia significa que somos justos y realizamos obras justas.

Estoy bajo la protección divina

- Todos los hijos de Dios están seguros y protegidos en él. Como un padre que sostiene una red salvadora para su hijo mientras camina por la cuerda floja, nuestro Padre celestial "sostiene la red" para que no caigamos. ¿Qué dice Romanos 8:31?

Nada podrá dañarnos, atacarnos ni impedir que se haga la voluntad de Dios en nuestra vida.

Estoy seguro en el amor de Dios

- No sólo estamos seguros bajo el cuidado de Dios, sino que así estaremos para siempre bajo Su amor. No hay nada que podamos hacer para que Dios nos ame menos o más. Él nos ama sin ningún mérito de nuestra parte y sin medida. Según las Escrituras que aparecen en nuestra lección, describa el amor de Dios para sus hijos.
- Espere respuestas tales como: incondicional, eterno, incomprensible, perdonador, liberador y permanente.
- ¿Qué pedía Pablo en oración en Efesios 3:17-19?
  Que sus lectores estuvieran arraigados y cimentados en amor, que fueran plenamente capaces de tener sabiduría espiritual para comprender la anchura, la longitud, la profundidad y la altura del amor de Dios y que fueran llenos de toda la plenitud del Señor.
- Romanos 8:38-39 contiene una lista de varias situaciones extremas que pueden provocarnos problemas, pero que nunca podrán separarnos del amor de Cristo. Haga una lista de esas situaciones.
  Ni la muerte, ni principados (demonios), ni potestades, ni lo presente, lo por venir, lo alto, lo profundo, ni ninguna otra cosa creada.

Conclusión

Termine la discusión con las siguientes ideas y preguntas:

¿Alguna vez te has sentido incompleto? Tal vez pensabas: *Si me casara, estaría completo.* O: *Si me hubiera casado con alguien más, me sentiría más completo.* Es posible que estés buscando un empleo adecuado o un lugar donde haya un círculo de amistades correctas para sentirte completo. Pero la Biblia (Colosenses 2:10) dice que estás completo en Cristo. Ninguna persona puede dar a tu vida significado y propósito. Sólo teniendo una relación con Cristo puede una persona estar completa. ¿Quiere alguien compartir su testimonio acerca de su lucha por encontrar algo que lo hiciera sentirse completo? ¿Qué sintió cuando halló que ya estaba completo en Cristo? ¿Qué diferencia hubo?

¿Alguien del grupo ha luchado porque no se *siente* amado por Dios? Tal vez sabe lo que dice la Biblia, pero sencillamente no se siente así. Así como algunos hemos batallado porque nos sentimos incompletos y hemos buscado algún substituto para llenar el vacío de nuestra vida, a otros se les dificulta aceptar el amor de Dios. Tal vez algunos crecimos con un padre terrenal severo, inalcanzable o ausente, o quizá con un padre que nos maltrataba. Si este es el caso, puede ser difícil para ti aceptar la verdad de que eres amado, *verdaderamente amado* por Dios. ¿Quisiera alguien compartir cuánto le costó descubrir el profundo e incondicional amor de Dios?

> NOTA: Algunas disciplinas y filosofías seculares afirman que actuamos según como nos sintamos. Sin embargo, aun esas disciplinas están llegando a la conclusión de que los sentimientos vienen después de lo que hacemos: Ejercemos nuestra voluntad para hacer algo y esto produce sentimientos. Si no se siente aceptado, o digno, o amado por Dios, o si no siente

ninguno de los aspectos de la fe, empiece a actuar creyendo que son verdad, porque la realidad es que *sí lo son.* Pronto encontrará la confirmación emocional a medida que ejercita su voluntad para actuar con base en la verdad de Dios.

Pida a alguien que comparta algo que le impactó de este estudio. ¿Cómo va a aplicar esas verdades a su vida? ¿Cuáles son algunas aplicaciones prácticas? Reparta una tarjeta con todas las declaraciones "Yo soy" o "he sido" que vienen en este libro, junto con los versículos más importantes para que cada persona las tenga para referencia rápida.

Después de varios minutos de discusión, termine la sesión orando. Al orar vaya mencionando las cuatro áreas de crecimiento que se tratan en el libro de texto. Ejemplo:

> *"Padre, a través de tus ojos puedo ver que estoy seguro gracias a* ***Mi Posición en Cristo.*** *Estoy confiado porque* ***Tienes un plan para mí.*** *Gracias Dios por* ***Lo que tengo en Cristo.*** *Soy valioso gracias a los recursos que me has dado. Te agradezco porque* ***Tienes un propósito para mi vida,*** *diseñaste un plan para mí mucho antes de que naciera. Ante ti soy valioso por lo que* ***has preparado para que yo haga****. Gracias por ayudarme a verme como tú me ves. En el nombre de Jesucristo. Amén.*

Notas

1. Maxwell Maltz, Psycho-Cybernetícs: A New Way to Get More Out of Life (New York: Pocket Books, 1960), 109.
2. Thomas Watson, Body of Divinity Contained in Sermons Upon the Assembly's Cateckism (London: Passmore & Alabaster, 1881), 163.
3. Jeremy Taylor, The Whole Works of the Right Rev. Jeremy Taylor with an Essay Biographical and Critical, vol. 1 (London: Henry G. Bohn, 1851), 820.
4. Anna B. Warner, Jesus Loves Me, first published in 1859.
5. Charles H. Spurgeon, Morning and Evening: Daily Readings (Lynchburg, VA: The Old-Time Gospel Hour, n.d.), 111.
6. E.Y. Harburg, Over the Rainbow (n.p.: n.p., 1938).
7. Corrie ten Boom, John L. Sherrill, and Elizabeth Sherrill, The Hiding Place (Washington Depot, CT: Chosen, 1971), 192-93.
8. William Orcutt Cushing, Under His Wings, date of writing and publication unknown.
9. Lawrence Richards, Expository Dictionary of Bible Words, electronic ed. (Grand Rapids: Zondervan, 1985).
10. James L. Nicholson, "Whiter Than Snow," in Joyful Songs No. 4 (Philadelphia: Methodist Episcopal Book Room, 1872).
11. William J. Kirkpatrick, Lord I´m Coming Home, in Winning Songs (Philadelphia: John J. Hood, 1892).
12. Annie J. Flint, He Giveth More Grace, Casterline Card Series, no. 5510 (Oxford Park, NY: n.p., n.d.).
13. A.W. Tozer, The Pursuit of God (Camp Hill, PA: Christian, 1993), 127.
14. Frank Hobbs and Nicole Stoops, Demographic Trends in the 20th Century: Census 2000 Special Reports, Series CENSR-4 (Washington, DC: U.S. Government Printing Office, 2002), 2.
15. Frederick M. Lehman, The Love of God, in Songs That Are Different, vol. 2 (n.p.: n.p., 1919).

Acerca de la Autora

June Hunt es escritora, cantante, conferencista y fundadora de *Hope for the Heart*, un ministerio mundial de consejería bíblica transmitido por la emisora de radio (ganadora de un premio) que con el mismo nombre se escucha diariamente por toda norteamérica.

Adicionalmente, *Hope in the Night (Esperanza en la Noche)* es el programa de consejería, en vivo de dos horas, de June, que ayuda a la gente a resolver problemas difíciles basada en la Biblia y ayuda práctica. El programa radial se transmite en 25 países.

El dolor familiar que vivió en sus primeros años, fue el catalizador que le dio a June un corazón compasivo. Durante el tiempo que trabajó como directora en un ministerio con más de 600 jóvenes, se dio cuenta de la necesidad que había de consejería bíblica sana. Su trabajo con gente joven y sus padres condujeron a June a un compromiso de *proveer la verdad de Dios para los problemas de hoy.*

Después de años de enseñar e investigar, desarrolló *Counseling through the Bible* (Consejería a través de la Biblia), un curso de consejería basado en las Escrituras en el cual se tratan 100 temas como la depresión, el ser padres, ira y abuso, culpa y aflicción. Con base en este curso, June creó y produjo una serie de libros con temas de consejería llamada *Biblical Counseling Keys.* (Claves Bíblicas para Consejería que distribuye el ministerio CLC).

Las Claves Bíblicas para Consejería fueron el fundamento para el Instituto de Consejería Hope for the Heart, que inició el Criswell College, donde June obtuvo su Máster en Consejería. Cada mes el Instituto en Dallas provee entrenamiento para ayudar a líderes espirituales, consejeros y cristianos misericordiosos, a detectar las necesidades de otros.

June ha servido como profesora invitada en universidades y seminarios, enseñando temas como: consejería en crisis, abuso infantil, abuso a la esposa, homosexualidad, perdón, soltería y autoestima. Sus trabajos se encuentran disponibles en 20 idiomas incluyendo ruso, rumano, ucraniano, español, portugués, alemán, mandarín, coreano, francés y telegu.

Es la autora de *Bonding with Your Teen Through Boundaries* (Uniéndote a Tu Adolescente a Través de los Límites), *Caring for a Loved One with Cancer* (Cuidando al Ser Amado con Cáncer) y más de 30 HopeBooks (libros de apoyo) con temas diferentes. June también contribuyó a la Preparación de la Biblia para el Cuidado del Alma (*Soul Care Bible*) y la Biblia Devocional para la Mujer (*Women's Devotional Bible*).

Como música consumada, ha sido invitada a numerosos programas nacionales de radio y televisión, incluyendo el programa NBC Today. Ha hecho giras internacionales y ha sido solista invitada en las Cruzadas de Billy Graham. Las cinco grabaciones: *Songs of Surrender, Hymns of Hope, The Whisper of My Heart, The Shelter Under His Wings y The Hope of Christmas* –todas reflejan un corazón lleno de esperanza.

Notas...

Notas...

Notas...

Notas...

Notas...

Notas...

Notas...

Notas...